纤维及纺织品可持续发展与创新丛书　　Springer

Textiles and Clothing Sustainability:

Nanotextiles and Sustainability

纳米纺织品
可持续发展与创新

【印】 萨勃拉曼尼亚·森西卡纳·穆图◎编著
Subramanian Senthilkannan Muthu

许君　刘思寒　韩宜君　朱诗慧◎译

中国纺织出版社有限公司

内 容 提 要

本书主要内容包括纳米纺织品整理技术的可持续发展、纳米化学品在纺织工业废水处理中的应用以及纳米技术在功能纺织品中的应用。

本书可供纺织、材料、化工、环境等相关专业的科研人员、工程技术人员、管理人员及院校相关专业的师生阅读，对于研发适应时代需要的纤维及纺织品具有指导和借鉴作用。

First published in English under the title
Textiles and Clothing Sustainability: Nanotextiles and Sustainability
edited by Subramanian Senthilkannan Muthu
Copyright © Springer Science+Business Media Singapore, 2017
This edition has been translated and published under licence from Springer Nature Singapore Pte Ltd.

本书中文简体版经 Springer Science+Business Media Singapore 授权，由中国纺织出版社有限公司独家出版发行。本书内容未经出版者书面许可，不得以任何方式或手段复制、转载或刊登。

著作权合同登记号：图字：01-2020-4463

图书在版编目（CIP）数据

纳米纺织品可持续发展与创新/（印）萨勃拉曼尼亚·森西卡纳·穆图编著；许君等译. --北京：中国纺织出版社有限公司，2022.1

（纤维及纺织品可持续发展与创新丛书）

书名原文：Textiles and Clothing Sustainability：Nanotextiles and Sustainability

ISBN 978-7-5180-8805-8

Ⅰ.①纳… Ⅱ.①萨…②许… Ⅲ.①纳米材料—应用—纺织工业—可持续性发展—研究—世界 Ⅳ.①F416.81

中国版本图书馆 CIP 数据核字（2021）第 168487 号

责任编辑：范雨昕 孔会云　责任校对：楼旭红　责任印制：何建

中国纺织出版社有限公司出版发行
地址：北京市朝阳区百子湾东里 A407 号楼　邮政编码：100124
销售电话：010—67004422　传真：010—87155801
http://www.c-textilep.com
中国纺织出版社天猫旗舰店
官方微博 http://weibo.com/2119887771
北京新华印刷有限公司印刷　各地新华书店经销
2022 年 1 月第 1 版第 1 次印刷
开本：710×1000　1/16　印张：7.5
字数：118 千字　定价：138.00 元

凡购本书，如有缺页、倒页、脱页，由本社图书营销中心调换

目　录

第1章 纳米纺织品整理技术的可持续发展

N. Gokarneshan，P. T. Chandrasekar，L. Suvitha

摘要：本章对纳米纺织品整理技术的最新发展趋势进行了客观的概述。针对特殊需要的服装，其防护、医疗和护理等功能，可以通过纳米银粒子处理来实现并具有一定的耐久性。用三种中草药提取物制成的微胶囊和纳米胶囊对纯棉牛仔布进行处理，研究其抗菌性能，结果表明，经 30 多次工业洗涤后的织物仍具有良好的耐微生物性能。通过研究纳米壳聚糖在棉织物上的接枝、性能表征及应用，并对整理后织物的外观、拉伸性能、吸水性、刚度、染色性能、折皱回复性和抗菌性能进行了评价。在无载体、超声波作用下用纳米级分散染料对涤纶织物进行染色，目前超声技术已应用于优化印花浆料的制备参数，尝试改善黄麻涤纶混纺纱的手感，并用该混纺纱与棉纱交织生产用于冬季服装的织物。研究表明，与其他整理剂组合相比，纳米聚硅氧烷整理剂可以更好地改善织物的表面形态、手感和回复性能。黏胶织物经过改性，可以增强对铝、锌或钛等金属氧化物的吸引力，从而提高对两种微生物的抗菌活性。以黄木瓜皮提取物为原料，通过胞外合成高稳定性的纳米银粒子，制备出纳米安全纺织品。将生物高分子材料与合成材料相结合，通过刺激响应性纳米凝胶对棉织物进行功能整理，可开发出智能性棉织物。研究结果表明，纳米凝胶应用于织物智能整理会影响棉花的固有特性，并通过提供新的刺激响应功能来提高普通纺织品的品质。最重要的是，本章讨论的纳米纺织品整理的新概念有望提高纺织材料的现有性能，增强其耐久性，促进生态友好性和经济性，从而为更好地实现可持续发展铺平道路。

关键词：壳聚糖；分散染料；黏胶；纳米凝胶；银粒子；纳米胶囊；纳米聚硅氧烷

1.1 引言

新千年见证了全球纳米织物整理领域的重大研究工作（Gokarneshan，et al.，

2013）。近年来，人们尝试了许多创新方法，并倾向于利用功能特性，定制有特定功能需求的织物。

2012 年，Gokarneshan 等尝试改善织物的抗菌效果，并考虑了防护、医疗和护理等特殊服装的需求。通过评估比较纳米技术的优势和劣势，2013 年，Ebrahim 和 Mansour 利用纳米技术改善了特殊需求服装的舒适性和功能性。使用天然材料对织物进行抗菌整理已成为一种流行趋势，促进了绿色的生产和生活方式。Sumithra 和 Vasugi Raaja 于 2012 年通过在织物上使用含有活性物质的植物提取物，使织物具有抗微生物能力。纺织品湿法加工正在经历绿色革命的阶段，多种传统和非生态友好化学品已被天然产品替代，这些天然产品在生产和使用过程中对环境和健康都是安全的。2013 年，Chattopadhyay 和 Inamdar 研究了纳米壳聚糖在棉织物上的合成及表征，并测试纳米壳聚糖处理织物后的拉伸性能、外观、吸水性、刚度、染色性能、折皱回复性和抗菌性能。2013 年，在 Osmana 和 Khairy 的一项有趣研究中，一种纳米颗粒大小的分散染料经超声波处理后，在不使用载体的情况下应用于涤纶织物上，进行评估的染色和工艺参数包括 K/S 值、染料粒径、染料在超声波作用下的曝光、印花浆料 pH、印花蒸煮条件、染料颗粒的扫描电子显微镜（SEM）和透射电子显微镜（TEM）形态学研究以及印花的牢度性能。

尽管黄麻纤维具有独特的性能，如粗糙度、粗度和刚度，但它在织物形成和最终产品的性能方面的问题使其不适用于服装。为此，2014 年，Lakshmanan 等采用纳米硅氧烷整理技术对黄麻织物进行整理，以改善黄麻织物的手感。纺织品在使用过程中一般要经过反复洗涤，因此提高经纳米金属处理过的织物的洗涤耐久性具有重要意义。

2015 年，El-Sayeed 等在较低温度（100℃以下）下将丙酸基固定在纤维素聚合物链上作为活性中心来制备永久性抗菌黏胶织物。添加的羧基被认为对某些氧化物，如氧化钛、氧化锌或氧化铝纳米粒子起到有利的中心作用。并且考虑到选定的微生物对改性纺织品的永久性，对其抗菌活性进行了评估。2015 年，在 Bashari 等的研究中，制备了由生物聚合物壳聚糖和合成聚合物组成的刺激响应性纳米凝胶，经其整理的棉织物从而获得了出色的性能。

上述方法为纺织材料的纳米加工提供了一种更有效的方法，并具有更大的可行性和可持续性，解决了纳米技术在纺织品应用领域的相关问题。本章重点介绍新型纳米纺织品整理方法的优点，这些方法具有广阔的应用前景。

1.2　织物的纳米银整理

1.2.1　概述

采用纳米银整理可以改善棉织物的力学性能和物理性能，以满足服装的特殊要求。因此，采用 5 种不同浓度的纳米银对织物进行整理，分别为 100mg/kg、200mg/kg、300mg/kg、400mg/kg 和 500mg/kg。研究发现，纳米银整理后的织物可使空气和水蒸气的渗透率最小化，这可能是由于纳米银颗粒填充了织物的孔隙。由于纳米银粒子与织物产生连接，纳米整理织物的折皱回复角在经、纬两个方向都有所减小（Ebrahim et al.，2013）。棉织物在整理过程中会出现纱线膨胀现象，这意味着纤维和纱线会占用更多的空间，导致织物厚度增加；由于纳米银粒子将纤维和纱线整合在一起，采用纳米银整理工艺有助于提高织物经纬向的断裂伸长率。而应用纳米银整理工艺导致织物上形成链节，使得织物在经向和纬向的弯曲刚度均增加。据观察，溶液浓度提高到 500mg/kg 时，棉织物的大部分物理和化学性能都有所下降。

1.2.2　影响因素

尽管纳米粒子由于其新颖的理化特性及其潜在的应用而在纺织材料中得到广泛应用，但其中有些是有毒或无效的，不适合用于医药、过滤器和纺织品，也不适用于减少污染。例如：

（1）通过在织物上形成纳米晶须（碳氢化合物，其大小为典型棉纤维的 1/1000）可改善织物的拒水性能。

（2）利用 TiO_2、ZnO、掺锑氧化锡（ATO）和硅烷纳米溶胶制备了具有抗静电性能的纺织品，通过使用纳米纤维网提高了织物的表面能，从而为过滤器提供了很高的过滤效率。

（3）纳米二氧化钛和纳米二氧化硅分别用于提高棉和丝绸的抗折皱性能，考虑到较大表面积和粒子的阻挡能力，使用纳米级的 TiO_2 和 ZnO 可以更有效地吸收和散射紫外线（UV）辐射。

（4）在棉纤维表面覆盖一层细小的胡须状物，减少了与污垢的接触点，使织物具有超疏水性，从而达到自洁的目的。

最终，可通过使用纳米级的银、二氧化钛和氧化锌赋予纺织材料抗菌性能（Wong et al.，2006；Anna et al.，2007；Parthasarathi，2008）。纳米银颗粒由于具有极大的相对表面积，因此增加了其与细菌或真菌的接触，大大提高了纺织材料的杀菌效果。

棉纤维具有优异的吸湿性能，通常应用于运动休闲用纺织品的生产。由于棉纤维易潮湿，易受细菌侵袭。在其分解产物中有一种特有的气味（Gorensek et al.，2007）。最近的研究表明，纳米银胶体溶液对聚合物和纺织品具有良好的抗菌效果（Lee et al.，2005；Yeo et al.，2003）。本文不仅研究了微波辐射中作为加热源的纳米银粒子的合成，而且探讨了纳米技术在改善棉织物可持续性方面的作用以及纳米银粒子的力学性能与棉织物纳米银含量之间的关系。一般来说，这种应用可分为两个主要领域：一是，纳米纤维的应用；二是，纳米粒子在不同领域的应用。例如，聚合物纳米纤维及其复合材料在药物输送系统、组织工程、复合材料增强、晶体管、电容器等方面的应用（Hatiboglu，2006；Huang et al.，2003；Tan et al.，2006）。

1.2.3 整理工艺

纯棉平纹织物作为本次的研究对象，为研究纳米银整理剂对织物力学性能的影响，测试了六种不同的织物（A、B、C、D、E、F）（Ebrahim，et al.，2013）。将整理后的织物与未整理的织物进行对比，并使用五种不同浓度的溶液对织物进行整理，以确定变化规律。织物在五种不同浓度的 50℃ 纳米银粒子悬浮液中浸泡 30min，然后在户外进行晾干，称为"精油整理"。并测定了透气性（A.P）、折皱回复性（W.R）、透湿性（W.V.P）、厚度（t）、断裂强度（B.S）、断裂伸长率（B.E）、弯曲刚度（B.R）等性能。

1.2.4 纳米银整理对织物物理性能的影响

1.2.4.1 透气性

六种织物的透气性试验结果如图 1.1 所示。通过在织物上涂抹纳米银涂料，可以观察到透气性显著下降，并随纳米银溶液浓度的增加而逐渐下降（Ebrahim 和

Mansour，2013）。这是由于被纳米银颗粒填充的织物孔隙缩小所致。由于纳米颗粒非常小，因此增加浓度对透气性不会有显著影响。

使用五种不同浓度的溶液（100mg/kg、200mg/kg、300mg/kg、400mg/kg 及 500mg/kg）整理织物和未整理的 100%棉织物进行测试。

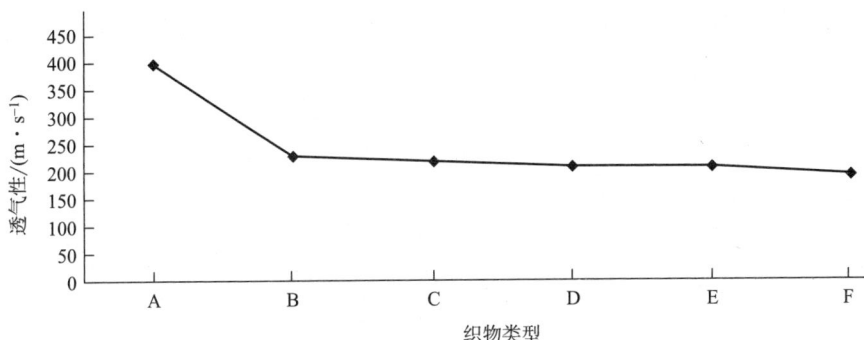

图 1.1　织物的透气性测试（Ebrahim et al.，2013）

1.2.4.2　透湿性

六种织物的透湿率（WVP）如图 1.2 所示。结果表明，纳米整理织物的透湿率低于未整理织物。与透气性有关的解释在此情况下也是有效的。WVP 的最高值出现在织物 A 中，而最低值出现在织物 F 中。由于整理工艺的不均匀性，出现了不规则性（Ebrahim et al.，2013）。

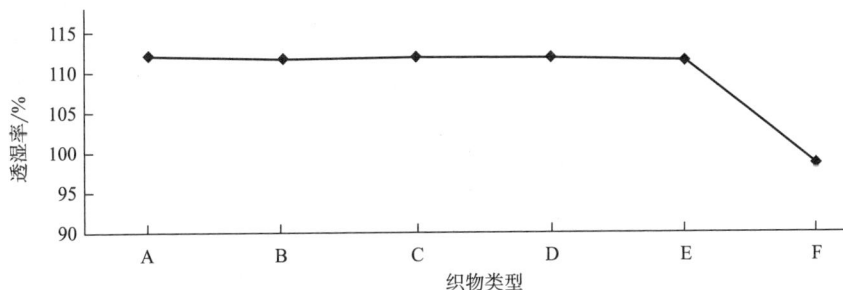

图 1.2　织物的透湿率测试（Ebrahim et al.，2013）

1.2.4.3　厚度

图 1.3 描绘了纳米整理前后织物的厚度变化。结果表明，纳米整理织物的厚度

值大于未整理织物。经纳米整理的织物厚度值较高是由于在整理过程中出现了纱线膨胀现象（Ebrahim et al.，2013）。然而，当溶液浓度增大到 500mg/kg 时，由于纱线膨胀率的降低，织物厚度会出现明显下降。

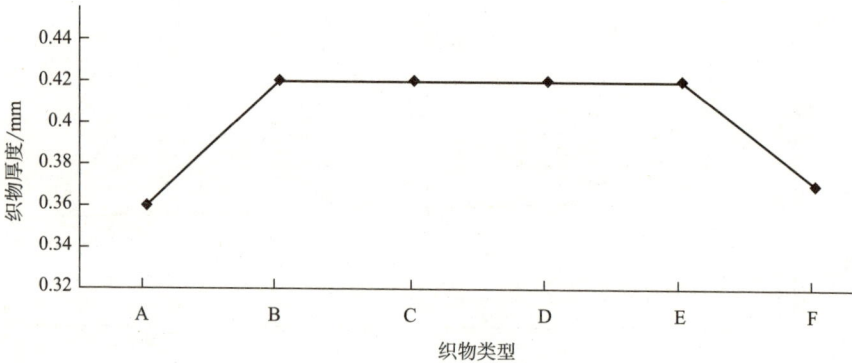

图 1.3　织物的厚度测试（Ebrahim et al.，2013）

1.2.4.4　折皱回复性

六种织物经向和纬向的折皱回复角的测试结果如图 1.4 和图 1.5 所示。织物 A 的经向折皱回复角很大，织物 E 的回复角逐渐减小，织物 F 的回复角又增大。由于纳米银颗粒在织物上形成的连接，折皱回复率呈下降趋势，但所形成的连接随着溶液浓度增大到 500mg/kg 而减少。在织物 A 中，纬向的折皱回复角很大，其他织物的纬向折皱回复角有适度下降趋势。但是由于整理不均匀，没有看出明显的规律（Ebrahim et al.，2013）。

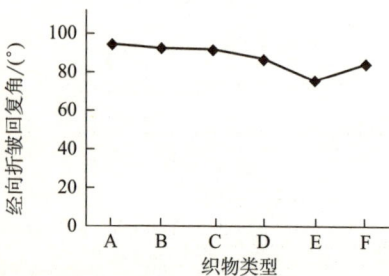

图 1.4　织物的经向折皱回复角测试
（Ebrahim et al.，2013）

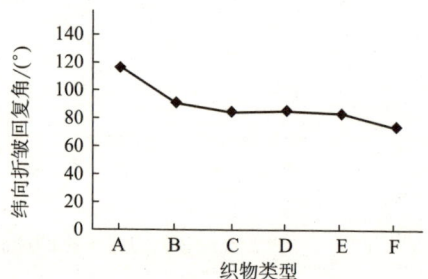

图 1.5　织物的纬向折皱回复角测试
（Ebrahim 和 Mansour，2013）

1.2.4.5 断裂强度

图 1.6 显示了织物在经纱方向上的断裂强度。断裂强力最低的是织物 F，最高的是织物 C。从总体趋势上看，经纳米银整理的织物的断裂强力大于未经整理的织物。然而，准确的规律是无法预测的。织物在纬向上的断裂强度如图 1.7 所示（Ebrahim et al.，2013）。织物 D 的断裂强度最高。其他织物之间没有显著差异。

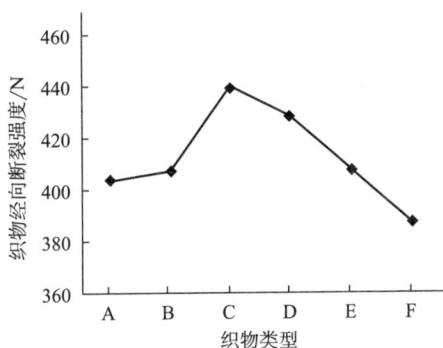

图 1.6　织物经向断裂强度测试
（Ebrahim et al.，2013）

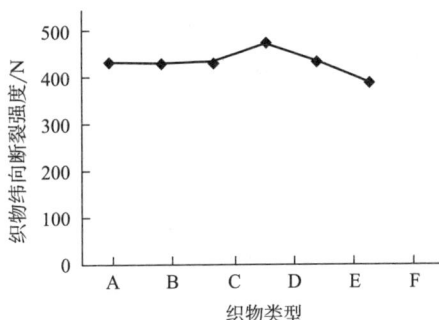

图 1.7　织物纬向断裂强度测试
（Ebrahim et al.，2013）

1.2.4.6 断裂伸长

图 1.8 和图 1.9 显示了织物在经纬方向上的断裂伸长率。纳米整理织物和未整理织物的断裂伸长率存在显著差异。这种差异是由于纳米银颗粒对纤维和纱线的固结造成的（Ebrahim et al.，2013）。

1.2.4.7 抗弯刚度

图 1.10 和图 1.11 分别显示了织物分别在经向和纬向上的弯曲刚度值。织物 A 的经向弯曲刚度为 71.2mg·cm，纬向弯曲刚度为 72.5mg·cm。织物 E 的抗弯刚度值开始增加，经纱方向为 126mg·cm，纬纱方向为 124mg·cm（Ebrahim et al.，2013）。经纳米银整理后在纱线和织物上形成的连接导致了这种逐渐上升的趋势。以织物 F 为例，溶液浓度增大到 500mg/kg 时，由于连接减少，导致弯曲刚度逐渐下降。

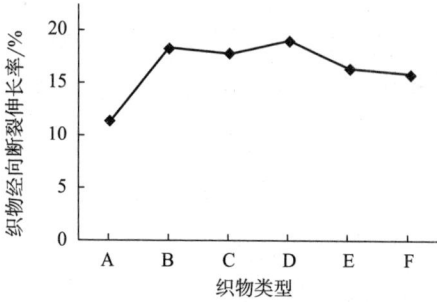

图 1.8　织物经向断裂伸长率测试

（Ebrahim et al., 2013）

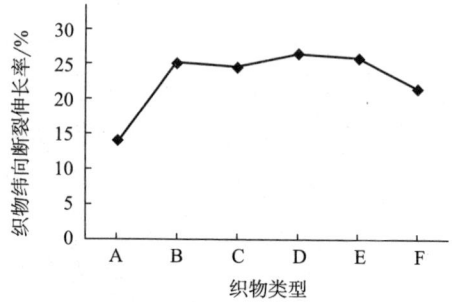

图 1.9　织物纬向断裂伸长率测试

（Ebrahim et al., 2013）

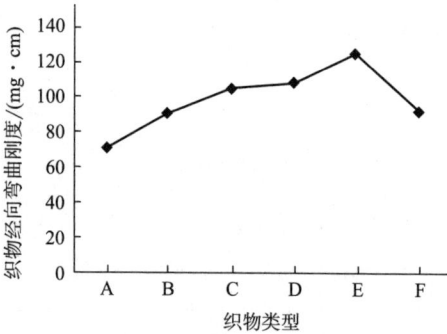

图 1.10　织物经向弯曲刚度测试

（Ebrahim et al., 2013）

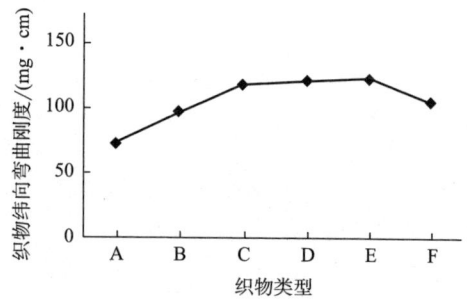

图 1.11　织物纬向弯曲刚度测试

（Ebrahim et al., 2013）

1.3　牛仔布的微胶囊和纳米胶囊整理

1.3.1　概述

使用草本提取物（蓖麻、番泻叶和飞扬草）制成微胶囊和纳米胶囊对牛仔布进行抗菌整理，具有良好的前景。整理后织物对大肠杆菌和金黄色葡萄球菌均具有最大的抗菌活性。微胶囊和纳米胶囊技术提高了中草药整理后织物的耐久性。研究结果表明，即使洗涤后的织物对标准菌株也具有抗菌作用（Sumithra et al., 2012）。

1.3.2　微胶囊和纳米胶囊整理技术在织物抗菌整理中的应用

众所周知，细菌可以在医疗环境中常用织物上能够生长和存活 90 天以上，因此易导致疾病的传播（Gaurav，2005；Subhash et al.，2010）。最近的趋势是使用天然来源的抗菌整理剂用于织物整理，可促进自然和生态的生活方式（Natarajan，2002）。2012 年，Sumestra 和 Vasugi Raaja 尝试应用含有活性物质的植物提取物，探究使布料具有抗菌性的可能性。这些天然抗菌物质不仅具有生态友好性，而且还能够从可再生资源中获得（Gaurav，2005）。生长于纺织材料中的细菌会导致织物性能恶化，产生难闻的气味、皮肤刺激和交叉感染（Subhash et al.，2010）。微生物是肉眼看不到的小型有机体，包括细菌、藻类和真菌等（Natarajan，2002）。胶囊化是指用聚合物或无机物外壳覆盖小的固体、液体或气体基质。由此产生的胶囊或颗粒大小通常在微米到毫米之间（Holme，2002）。

微胶囊具有多种应用，包括控制活性成分的释放、粒子涂层、香味稳定、掩味、物理/化学稳定、延长保质期和防止活性物质暴露于周围环境（Bhoomika et al.，2007）。通常用于获得纳米胶囊和微胶囊技术有两种，即单体的界面聚合和预成型聚合物的界面沉积（Shilpa，2004）。牛仔布适用于多种场合且备受欢迎，而且不受人口统计学差异的影响（Srikanth，2010）。牛仔布的耐久性在于只有经纱经过染色，纬纱可以不经过任何化学处理而保持自然状态。这就是色织面料相对于匹染面料的优点（Thies，2005）。

牛仔服装的重要性与日俱增，在过去的几十年里，牛仔服装在世界范围内所占的市场份额不断增加。消费者的需求一直集中在最新研究进展和新的流行趋势，也意识到对服装进行特殊的整理和工艺处理可使其更加环保和人性化。以下的讨论重点在于筛选天然草药的抗菌活性，并采用经过筛选的草药提取物制成的抗菌整理剂对牛仔布进行整理。根据组合和条件遵循 AATCC 方法对织物进行试验。微胶囊和纳米胶囊技术已被用于提高使用草药提取物抗菌剂整理织物的耐洗性。

1.3.3　整理工艺

对纯棉牛仔布进行抗菌整理。从草药蓖麻（叶子）、番泻叶（叶子）和飞扬草

（叶子、茎和花）中获得抗菌提取物。收集到的草药在 100～140℃ 下进行干燥，因为不干燥就无法储存，从而防止了化合物的分解和微生物的污染（Sumithra et al.，2012）。织物主要使用蒸馏水洗涤，风干，然后使用草药整理。采用浸渍法对织物进行中草药提取物整理。

将织物浸泡在浸提液中 30min，风干后用标准菌株进行抗菌性评价。采用 AATCC 试验方法，对具有抗菌活性的中草药提取物进行初步筛选，在不同的组合和条件下对其综合抗菌性能进行试验。将直径为 23mm 的草本提取物牛仔布置于培养基表面，在 37℃ 下培养 24h。培养结束时，在织物周围形成的抑制带用毫米表征并记录。加入海藻酸钠，随后使用喷雾器将其喷洒到氯化钙溶液中，形成含有草药提取物的微胶囊。为了使胶囊变硬，将液滴保留在氯化钙溶液中 15min。微胶囊倾析后用异丙醇反复洗涤，然后在 45℃ 下干燥 12h。以 8% 柠檬酸为交联剂，采用吸附法将微胶囊涂抹在织物上。将织物于 50℃ 水浴中浸泡 30min（浴比为 1:20）。整理后，将织物取出，挤压，在 80℃ 的烘箱中烘干 5min，然后在 120℃ 的烘箱中烘干 2min。用 AATCC 测试方法分析微胶囊整理织物的抗菌活性。

以牛白蛋白为内壁材料，以纳米颗粒为芯材，包封所制备的草本提取物。采用凝聚法制备了牛血清白蛋白，并与戊二醛交联。戊二醛处理后纯化，放入旋转真空蒸发器中去除有机溶剂，以 4℃ 和 10000r/min 悬浮于 0.1mol/L 磷酸缓冲液（pH 7.4）中，再用甘露醇（2%，质量体积分数）冻干。草药提取物与所需的蛋白质溶液（2%，质量体积分数）在室温下培育 1h。使用数字 pH 计，用 1mol/L HCl 将溶液的 pH 调整到 5.5。然后将乙醇按 2:1（体积比）的比例加入溶液中。乙醇添加速率控制在 1mL/min。用 25% 戊二醛硬化后 2h，使蛋白质交联。然后用旋转真空蒸发器减压除去有机溶剂，所得的纳米胶囊在 4℃ 下通过离心（10000r/min）进行纯化。将所得纳米胶囊微丸悬浮于磷酸盐缓冲液中（pH 7.4，0.1mol/L），并用甘露醇（2%，质量体积分数）冻干。制得的纳米胶囊经冷冻干燥后，以 8% 的柠檬酸为黏合剂，采用吸附法在棉织物上进行应用。整理工艺条件为：浴比 1:20，黏合剂（柠檬酸）8%，温度 55℃，时间 30min。采用 AATCC 测试方法对微胶囊和纳米胶囊整理的牛仔布的耐洗性和抗菌性进行了评价。扫描电子显微镜证实了微胶囊与织物的结合和排列。

1.3.4　整理后织物抗菌活性的影响

采用 AATCC 测试方法测定了整理后的织物对大肠杆菌和金黄色葡萄球菌的抗菌活性。经蓖麻、番泻叶和飞扬草提取物整理的织物对大肠杆菌的抑菌范围分别为 0、25mm、24mm，对金黄色葡萄球菌的抑菌范围分别为 27mm、30mm、29mm。这些草药的甲醇提取物能够使整理后的织物产生抗菌效果。在使用的三种中草药中，番泻叶的甲醇提取物与其他两种相比具有最大的抗菌活性。结果表明，蓖麻、番泻叶和飞扬草以 1∶3∶2 的比例配比为最佳组合。用此提取物处理的织物被发现对革兰氏阳性和革兰氏阴性微生物都有很强的抗性。经过处理的织物可以阻止细菌的生长。抑菌区的数值表明，中草药提取物能够阻止织物中的细菌生长，并且能够过滤杀死细菌。大肠杆菌的细菌生长率为 2.7109cfu/mL，金黄色葡萄球菌的细菌生长率为 2.4109cfu/mL。

Benita 等用定性和定量的方法研究了香草籽提取物对织物的抗菌活性（Benita，1996）。用 AATCC（平行条带法）分析提取物对革兰氏阳性和革兰氏阴性两种微生物的抑菌作用，发现单独提取物的抑菌作用明显增强（20～30mm）。试验结果表明，整理后的织物对金黄色葡萄球菌和肺炎克雷伯菌均具有很好的抗菌性能。经过处理的织物不允许试样内的细菌生长，对金黄色葡萄球菌和肺炎克雷伯菌的抑菌范围分别为 11.9～14.5mm 和 6.9～7.1mm。研究表明，罗勒、丁香、番石榴、乌墨、香蜂花、石榴、迷迭香和百里香的提取物至少对一种测试微生物具有抗菌活性（Barari et al.，2009）。活性最高的是丁香和乌墨提取物，它们分别能抑制 9 种（64.2%）和 8 种（57.1%）目标微生物。

1.3.4.1　草药提取物的微胶囊化

采用离子明胶技术对有效的草药组合进行微胶囊化，以提高整理后织物的抗菌耐久性。整理后的织物和水洗后织物的抗菌活性，测试结果见表 1.1。结果表明，经过 20 次洗涤后，该中草药提取物整理的牛仔布微胶囊对样品具有一定的活性。它们对金黄色葡萄球菌和大肠杆菌具有潜在的抗菌活性。结果表明，微胶囊草药提取物即使经过 15 次洗涤，仍具有很好的抗菌性能。2010 年，Sanjay 和 Vishwakarma 等根据直接应用中草药提取物整理织物和中草药微胶囊整理织物的细菌减少率定义了抗菌效率。经中草药提取物整理和微胶囊整理织物对金黄色葡萄球菌比对大肠杆菌具有更好的抗菌活性。

表 1.1 经微胶囊和纳米胶囊整理织物的抗菌活性（Sumithra et al.，2012）

样品	抑菌区/mm		抑制带/mm	
	微胶囊		纳米胶囊	
	大肠杆菌	金黄色葡萄球菌	大肠杆菌	金黄色葡萄球菌
整理后的织物	24	33	30	35
整理后的织物经 10 次洗涤	0	30	29	33
整理后的织物经 20 次洗涤	0	27	28	30
整理后的织物经 30 次洗涤	0	0	28	25

直接使用草本提取物整理的织物经 10 次洗涤后就无法表现出足够的活性，因为这些提取物只是涂在织物表面，没有任何牢固的结合，可通过洗涤除去。利用图像分析技术对微胶囊的结构进行扫描电子显微镜研究，也证实了这一点。采用琼脂扩散法（AATCC124）定量测定抗菌效果和洗涤耐久性。该织物对金黄色葡萄球菌和大肠杆菌具有潜在的抗菌活性。微囊化的草药提取物即使经过 15 次洗涤仍具有很强的抗菌性能。因此，将草药提取物纳米封装可以增强织物的耐久性。

1.3.4.2 草药提取物的纳米封装

采用列举法将中草药提取物纳米胶囊应用于牛仔布，并对整理后的织物和洗涤后的织物进行了抗菌活性评估（表 1.1 和图 1.12）。结果表明，经过 40 次工业洗涤后，经纳米胶囊处理的织物仍能保持一定的抗菌活性，从而使织物具有耐久性。纳米尺寸的银、二氧化钛和氧化锌已经被用于赋予抗菌性能（Pujari et al.，2010）。在丝网印刷和染色真丝织物上，添加和不添加黏合剂（4%PUA）的 TiO_2 纳米粒子浓度对抗菌性能的影响表明，单独使用 PUA 黏合剂对抗菌性能没有影响。但在印刷浆料或油墨制备中使用二氧化钛时，对大肠杆菌和金黄色葡萄球菌的抑制效果较好。此外，印花的效果比染色的效果要好。

1.3.4.3 SEM 表征

图 1.13~图 1.16 显示了纳米胶囊整理后的织物分别经过 10 次、20 次和 30 次洗涤后在不同放大倍数下的 SEM 图像。结果表明，纳米胶囊不仅可以黏附在织物表面，而且可以渗透到纱线和织物的空隙中。结果表明，即使经过 30 次洗涤，纳

米胶囊仍能很好地黏合在织物表面。

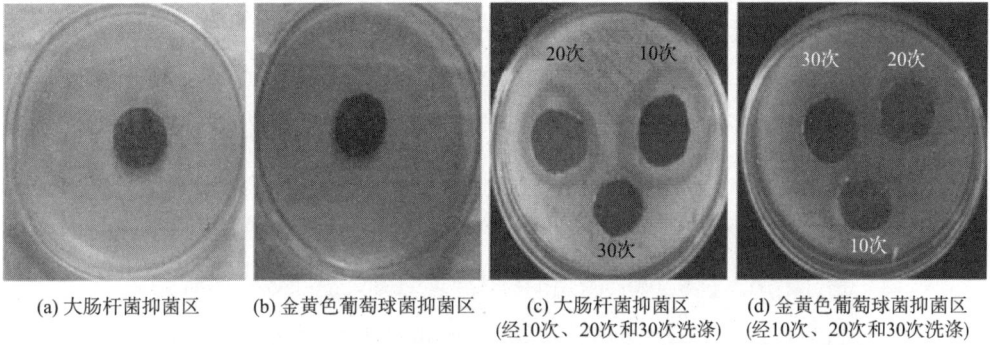

(a) 大肠杆菌抑菌区　　(b) 金黄色葡萄球菌抑菌区　　(c) 大肠杆菌抑菌区　　(d) 金黄色葡萄球菌抑菌区
(经10次、20次和30次洗涤)　(经10次、20次和30次洗涤)

图 1.12　纳米胶囊整理后的牛仔布对细菌的抑制区域（Sumithra et al.，2012）

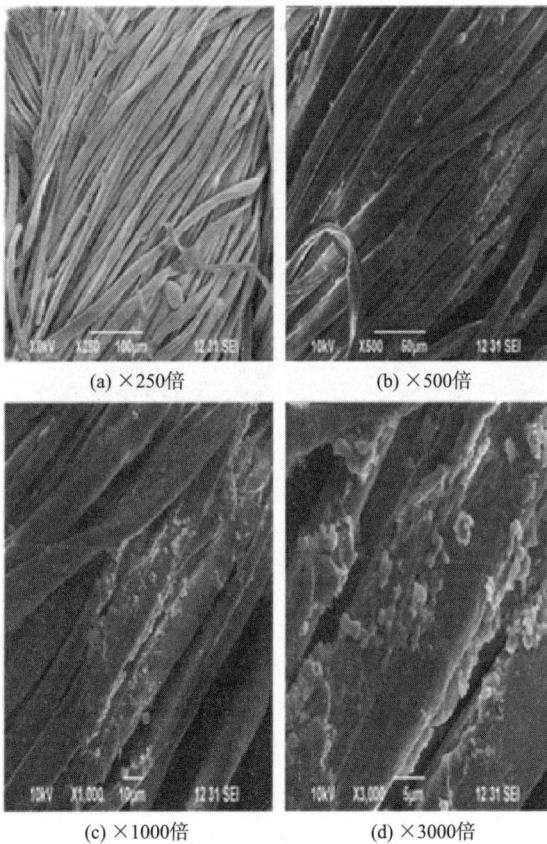

(a) ×250倍　　　　　　　　　(b) ×500倍

(c) ×1000倍　　　　　　　(d) ×3000倍

图 1.13　纳米胶囊整理后的织物在不同倍数下的 SEM 图像（Sumithra et al.，2012）

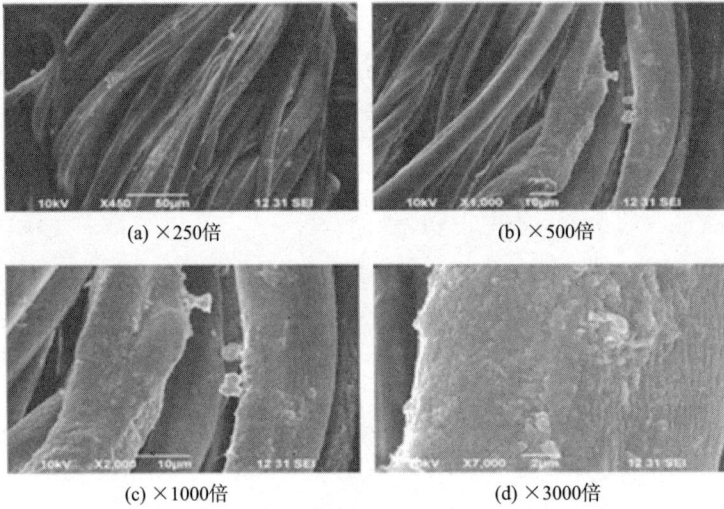

(a) ×250倍　　　　　　　　　　　(b) ×500倍

(c) ×1000倍　　　　　　　　　　(d) ×3000倍

图 1.14　经 10 次洗涤的纳米胶囊整理织物的 SEM 图像

（Sumithra et al.，2012）

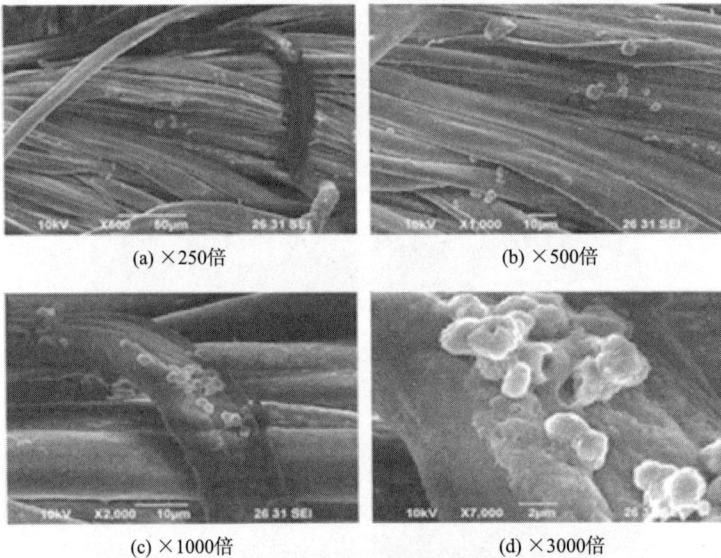

(a) ×250倍　　　　　　　　　　　(b) ×500倍

(c) ×1000倍　　　　　　　　　　(d) ×3000倍

图 1.15　经 20 次洗涤的纳米胶囊整理织物的 SEM 图像

（Sumithra et al.，2012）

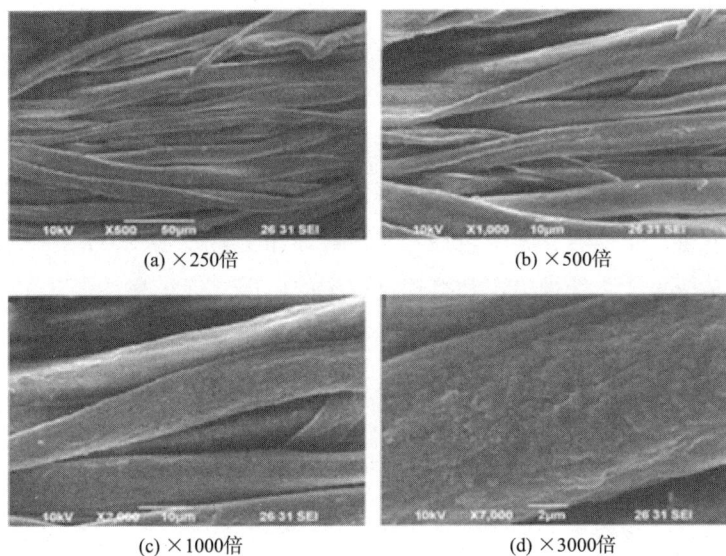

(a) ×250倍

(b) ×500倍

(c) ×1000倍

(d) ×3000倍

图 1.16　经 30 次洗涤的纳米胶囊整理织物的 SEM 图像

（Sumithra et al.，2012）

1.4　棉织物的纳米壳聚糖整理

1.4.1　概述

2013 年，在制备纳米壳聚糖分散体时，Chattopadhyay 和 Inamdar 采用了三聚磷酸五钠离子化凝胶。关于纳米壳聚糖在棉织物上的应用，有以下发现：

（1）经纳米壳聚糖整理的棉织物具有良好的外观和手感。

（2）纤维强度随着纳米壳聚糖粒径的减小而提高。

（3）随着纳米壳聚糖粒径的减小，断裂伸长率略有降低。

（4）与湿度有关的特性，例如，吸水率会受到影响，但仍在允许的范围之内。

（5）经壳聚糖和纳米壳聚糖整理的棉织物对直接染料的染色性能得到显著改善。并随着颗粒尺寸的减小，这一进展得以持续。染料浴酸化后，效果进一步提高。耐洗牢度有了较好的提高，耐摩擦牢度略有提高。

（6）织物的折皱回复性略有改善，有必要使用适当的交联剂。

（7）纳米壳聚糖与纳米银复合整理可以提高织物的抗菌活性。

1.4.2 相关内容

从最初的预处理工艺到最终的织物整理，各种纺织品的湿处理工艺都充分重视绿色技术的应用。天然产品正在取代许多传统的非生态化学品，在生产和使用过程中对环境和健康是安全的。其中包括酶在预处理和生物抛光、染色用天然染料、生物聚合物及其衍生物在纤维生产和整理过程中的应用。近年来，由几丁质碱解乙酰化得到的壳聚糖引起人们广泛关注（Sathianarayanan et al.，2011）。前体甲壳素是一种含氮多糖，是仅次于纤维素的极为丰富的生物聚合物，存在于甲壳类动物（如螃蟹、虾和龙虾）的外壳和海洋浮游生物（如珊瑚、水母和鱿鱼）的外骨骼中。它完全是生态友好和可再生的（Tatiana et al.，2008；Thilagavathi et al.，2007）。从化学角度看，壳聚糖是一种线性连接的 2−氨基−2−脱氧−D−葡聚糖（即 β−D−葡糖胺），其结构与纤维素非常接近，只是纤维素 C 中的羟基被壳聚糖中的氨基所取代。事实上，它是 N−乙酰基葡糖胺和葡糖胺单元的共聚物。作为一种主要的脂肪胺，壳聚糖可被各种酸类质子化（El−Molla et al.，2011）。鉴于壳聚糖具有抗菌、抗病毒、抗酸、无毒、完全生物降解与动植物组织生物相容性、成膜、成纤维和水凝胶等许多宝贵的固有特性，它在生物医学、废水处理、化妆品、个人清洁产品、食品、农业、纸浆和造纸、纺织工业等领域具有广阔的应用前景（Muzzarelli，1996；Hirano，2003；No et al.，1995）。

对壳聚糖在纺织品中的应用前景进行综述（Oktem，2003；Harish Prashant et al.，2007）。研究表明，它还可以用作染料固色剂、遮盖色光和绒布、提高染色织物的牢度、涂料印花黏合剂和印花增稠剂。由于其阻碍细菌的性能，壳聚糖可以防止服装产生异味（GiriDev et al.，2005；Kean et al.，2005；Enescu，2008；Inamdar et al.，2006；Achwal，2000）。采用柠檬酸溶液和壳聚糖对棉织物进行整理，使织物的抗拉强度损失最小，从而提高了织物的折皱回复率（Achwal，2003）。研究发现，用 0.5g/L 壳聚糖处理棉织物可以完全抑制大肠杆菌和枯草杆菌（Hasebe，2001）。Tiwari 和 Gharia（Eom，2003）试图用壳聚糖作为印刷浆料的增稠剂。印花的 K/S、耐洗色牢度、耐摩擦色牢度和手感等指标的性能并不理想。早期的研究表明，脱乙酰壳聚糖预处理的棉织物对直接染料的染色性能有所改善，改善程度与壳聚糖的分子量和浓度有关（Knittel et al.，2002）。然而，在壳聚糖预处理的织物上直接染料的耐洗涤牢度仅略有提高，特别是对于低分子量壳聚糖应用而言。壳聚糖处理的棉织物对酸性染料也表现出一定的染色性。但是，处理后织物的外观和手感受到了不利的影响。折皱回复性能有所下降。由于壳聚糖在棉纤维表面的刚性膜沉积，使棉纤维的固有性质受到影响。

但必须在不改变棉花固有天然品质的前提下，提高其上述性能。可以通过实现聚合物颗粒对纤维结构的最大渗透，并在尽可能低的浓度下提高其有效性。粒径的减小或其溶液黏度的降低有助于提高壳聚糖溶液的渗透性。然而，降低溶液中正常壳聚糖的浓度可能会降低其有效性，而且较大的链不允许其进入纱线/纤维素结构。唯一可行的方法是减小壳聚糖的粒径，除了降低黏度外，还提供了更大的表面积，从而提高了壳聚糖的有效性。这奠定了纳米技术概念的基础。纳米壳聚糖在医疗领域的潜在应用已得到充分证明，特别是在受控药物输送系统方面（Chattopadhyay et al.，2009；El-Tahlawy，1999；Zhang et al.，2003）。但是，它们在纺织品中的应用还未得到很好的研究。纳米壳聚糖在纺织品车间层面的实际应用中，需要合适的技术来生产纳米壳聚糖分散液、表征特性及静置浴槽稳定性分析。因此，研究人员尝试建立一种用三聚磷酸五钠离子致敏凝胶法制备纳米糖的简单方法。以壳聚糖为原料，通过亚硝酸水解控制解聚得到不同分子量的壳聚糖，并将其用于纳米壳聚糖的合成。本文给出了经过多次基础实验的重复性验证后的结果。因此，代表性的1g/L浓度只是在这里报告和讨论。并且阐述了粒度对经纳米壳聚糖整理后的棉织物的外观、硬度、吸湿性、染色性能、折皱回复率等性能的影响。对经纳米壳聚糖处理后的棉织物的SEM图像也进行了分析。

1.4.3　纳米壳聚糖的合成与表征

壳聚糖具有较长的线型结构和刚性构象。壳聚糖（母体样品1）的水动力球尺寸为4014nm。溶液的黏度较高是由于溶液中较大的粒径所致。任何分子大小的壳聚糖都可以通过"自下而上"的方法将粒子尺寸减小到纳米级（Patel et al.，2009）。由于壳聚糖的聚阳离子性质，使其与聚阴离子，如三聚磷酸戊二钠（TPP）、乙二胺四乙酸（EDTA）形成离子凝胶，进而形成纳米颗粒。由于相同离子电荷的粒子之间的库仑排斥，这些粒子通过静电阻碍稳定化（Zhang et al.，2010；Trapani et al.，2009；Chattopadhyay et al.，2010）。由于壳聚糖与TPP的离子反应速度快、成分无毒、操作方便，采用凝胶电离技术合成了纳米壳聚糖颗粒。CHT5N 的粒径分布如图 1.17 所示，粒径为 110.74nm。将大型聚合物材料的粒径缩小到纳米级是一个巨大的挑战。从目前的研究来看，分子量在控制粒径方面有很大的作用，通过降低分子量得到大约 110nm 的粒径。研究结果表明，采用低分子量（<10000）壳聚糖母体进行试验，可使壳聚糖的粒径减小到 100nm 以下。这项调查将为今后此类工作提供一个平台，并为未来的研究人员提供基本信息。

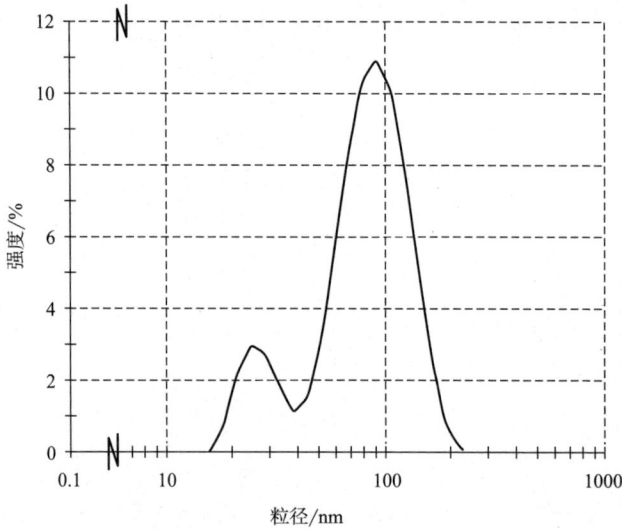

图 1.17　纳米壳聚糖的粒径分布（CHT5N）（Chattopadhyay et al.，2013）

1.4.4　整理工艺

1.4.4.1　使用材料

用于染色阶段的纯棉织物；某种直接染料；壳聚糖（CHT1），脱乙酰度（DAC）90%，黏度 22cP·s；二羟甲基二羟乙烯脲（DMDHEU）和其他化学品，如三聚磷酸钠（TPP）、乙酸、亚硝酸钠、醋酸钠（无水）和氢氧化钠等，均为分析级。

1.4.4.2　制备纳米壳聚糖

首先采用亚硝酸水解法对 CHT1 进行解聚，得到不同分子量级的壳聚糖，并将其用于制备纳米壳聚糖分散体（Tiwari et al.，2003）。一般情况下，壳聚糖溶于醋酸溶液，在快速搅拌（约 400r/min）下逐滴加入最佳量的 TPP，得到乳状液。样品静置一夜，通过 G3 级烧结玻璃过滤器过滤，然后保存在冰箱里。制备好的纳米壳聚糖被命名为 CHT1N（Chattopadhyay et al.，2013）。如前所述，随着时间的推移，纳米聚醚的稳定性会受到影响，因此合成的纳米聚醚应在 24h 内应用于棉织物。制备不同等级的壳聚糖和纳米壳聚糖，并用粒径分析仪测定壳聚糖的粒径及其分布。

1.4.4.3　工艺过程

采用双浸双轧技术将 1g/L 纳米聚醚分散体应用到织物上，使用 70% 的湿涂层量的轧染机。织物烘干后，在 150℃ 的烘箱中烘干 4min，然后按如下顺序洗涤：

漂洗→碱洗（苏打粉 1g/L，浴比 1∶50）→热洗（2 次，85℃/20min）→冷洗→干燥

1.4.4.4　性能测试

将经纳米壳聚糖整理后的棉织物进行扫描电镜测试，织物刚度、强度和吸湿性测试，折皱回复角和抗菌活性测试等。

1.4.5　纳米壳聚糖整理对棉织物性能的影响

1.4.5.1　表面形貌

使用扫描电镜对经纳米壳聚糖整理和未经纳米壳聚糖整理的棉织物进行了表面形貌观察（图 1.18）。如图 1.18（b）所示（Chattopadhyay et al.，2013），壳聚糖具有一定的成膜属性，可以清楚地看到纤维表面的光泽。此外，通过延长样品在蒸馏水中的煮沸时间，可以确认薄膜在纤维表面的沉积，从而可以在 SEM 下观察薄膜的破碎状态［图 1.18（c）］。经过纳米壳聚糖整理的织物显示出完全不同的表面形态［图 1.18（d）～（f）］，经纳米壳聚糖整理的织物表面具有更好的均匀性。

1.4.5.2　外观和手感

织物的外观和手感决定其应用。研究者研究了纳米壳聚糖粒径对棉织物性能的影响，经纳米壳聚糖整理后的棉织物，其外观和手感都很令人满意。随着颗粒尺寸的减小，白度得到提高，并与对照样品接近（Chattopadhyay et al.，2013）。这可能是因为纳米壳聚糖颗粒对纤维结构的渗透程度较大，使角质层得以暴露。普通壳聚糖在织物表面形成一层膜，从而在一定程度上改变了织物白度。据研究，这种薄膜

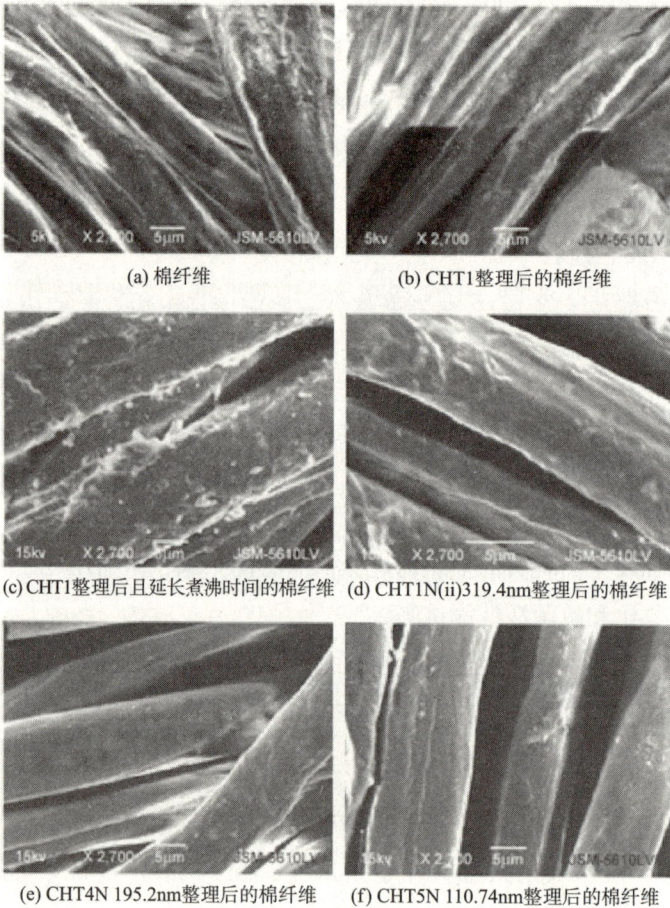

(a) 棉纤维　　　　　　　　　　(b) CHT1整理后的棉纤维

(c) CHT1整理后且延长煮沸时间的棉纤维　(d) CHT1N(ii)319.4nm整理后的棉纤维

(e) CHT4N 195.2nm整理后的棉纤维　(f) CHT5N 110.74nm整理后的棉纤维

图 1.18　SEM 照片（×2700）（Chattopadhyay 和 Inamdar，2013）

也可以增加纤维的硬度，而纳米壳聚糖对纤维的硬度影响不大。

1.4.5.3　拉伸性能

有学者研究了纳米壳聚糖整理对棉织物拉伸性能的影响（Chattopadhyay et al.，2013）。常规壳聚糖的应用使其强度下降。一般情况下，壳聚糖主要在织物表面形成一层膜，少量的壳聚糖可以进入纤维之间的区域，因此不能参与承载现象，影响负荷的对称分布。而纳米壳聚糖由于体积小，容易进入纤维内部甚至纤维素分子内部，从而起到交联的作用，在很大程度上承担了一定的负荷。因此，随着颗粒尺寸的减小，强度的提高是显而易见的。但由于颗粒尺寸的缩小，延伸性能会有一定程度的降低。由于三维网络的原位形成，相邻的纤维分子表现出可能的抗滑移性和减小拉伸断裂的性能。

1.4.5.4　吸湿性能

图 1.19 描述了用滴入法测定的经纳米壳聚糖整理后棉织物的吸湿性。结果表明，吸湿性随着纳米壳聚糖粒径的减小而降低。荷叶效应的例子可以阐明此点。纳米壳聚糖颗粒作为一个薄层分布在织物表层和下层，如图 1.18（d）~（f）所示，可能滚出水滴。在常规湿处理条件下的可容忍范围内，随纳米壳聚糖粒径的下降，处理后的织物的吸湿率持续下降（Chattopadhyay et al.，2013）。

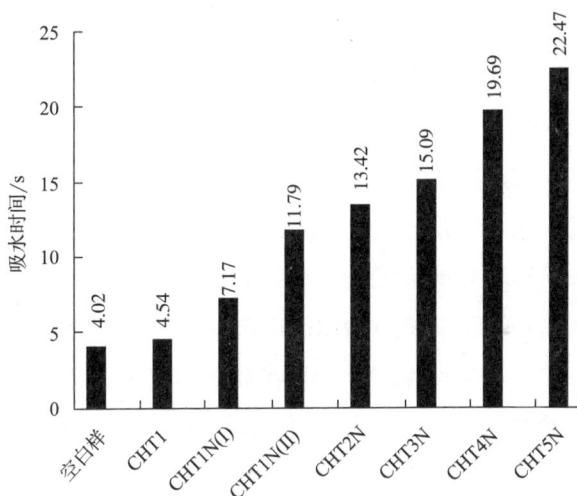

图 1.19　纳米壳聚糖粒径大小对整理后棉织物的吸水性的影响

（Chattopadhyay et al.，2013）

1.4.5.5　染色性能

由于壳聚糖的结构与纤维素非常相似，其对棉织物的整理可能会对其染色性能产生影响。因此，有关专家研究了纳米壳聚糖预处理对棉织物直接染色的影响，研究了壳聚糖和纳米壳聚糖预处理对染料上染率的影响。由于壳聚糖颗粒的减小，常规工艺处理后的棉织物的上染率逐渐增加。结果优于相应母体壳聚糖处理材料。酸化后，CHTN 处理样品的染料上染率显著增加，导致染料浴几乎完全耗尽（Chattopadhyay et al.，2013）。壳聚糖处理增大了染料上染率，可能是因为壳聚糖上存在的伯氨基。这些阳离子降低了棉织物表面的负电荷密度，并吸引染料分子到纤维上。此外，由于壳聚糖本身具有直接染料的可染性，可以提高染料的上染率。纳米壳聚糖由于增加的表面积以及因此对染料位点的更高可及性而增加了很多附加值。壳聚糖上的伯氨基在具有增强正电荷的酸性介质中被质子化（季铵化），从而与浴中残留染料的阴离子（磺酸盐）基团形成盐键。酸化后上染率较高证明了壳聚糖的存在。研究人员分析了直接染色织物的耐洗牢度和耐摩擦牢度。随着壳聚糖颗粒的减小，棉织物耐洗牢度提高，可以认为是在原位形成了壳聚糖—染料复合物，棉织物耐摩擦牢度也有一定程度的提高。

1.4.5.6　折皱回复性

折皱会降低服装或面料的外观美感。在传统方法中，可以通过使用基于氨基树脂的不同交联剂，例如，二羟甲基二羟基乙烯脲（DMDHEU）处理棉织物来解决这一问题（Lopez‑Leon et al., 2005；Boonyo et al., 2008；Loretz et al., 2006）。将壳聚糖和纳米壳聚糖处理的织物的折皱回复性与用DMDHEU树脂处理的织物进行了比较。采用普通壳聚糖（CHT1）处理棉织物，可大幅度降低织物的折皱回复角。采用小粒径的壳聚糖对棉织物进行整理，可以提高棉织物的折皱回复率。但未能获得商用交联剂DMDHEU的评价等级。据信，常规壳聚糖可在织物上形成表面涂层，该表面涂层降低了交联的可能性，因此不能使应力得到分散。由于纳米壳聚糖对织物结构的渗透作用较大，提高了织物的折皱回复性能。这些聚阳离子纳米粒子由于具有良好的渗透性，可以与纤维分子结合并在一定程度上抵抗折皱。

1.4.5.7　抗菌性

与其他天然纤维相似，棉纤维中具有水分，也具有保温性能，为微生物的生长创造了有利的环境。这些微生物会导致织物褪色，甚至产生令人讨厌的气味，在织物上形成污渍，使织物强度下降，引发传染病（Knittel et al., 2002；Lopez‑Leon et al., 2005）。施加纳米银胶体整理是最常用的一种抗菌整理方法。壳聚糖作为聚阳离子材料，与微生物细胞壁的阴离子表面结合，可破坏微生物细胞壁，导致细胞死亡（Loretz et al., 2006）。由于壳聚糖具有良好的抗菌性能和金属粒子保持性能，Du等于2009年对织物进行了壳聚糖和纳米壳聚糖处理，然后再进行纳米银胶处理。制备了浓度为 1×10^{-3} mol/100mL、平均粒径为110nm的纳米银胶体。通过测定土壤埋藏试验造成的强度损失，测定了未经处理和处理的棉织物样品对细菌侵蚀的抗性。壳聚糖可用作有效的抗菌剂。由于纳米壳聚糖粒径的减小以及与纳米银的偶联作用，有效地改善了织物的抗菌性能。

1.5　纳米分散染料涤纶织物染色

1.5.1　概述

将分散染料研磨成粒径约为 23nm 的粉末，然后以两种染料浓度的溶液形式进行超声处理 8h。将纳米颗粒悬浮液直接添加到印花色浆中，并印刷在涤纶基材上。有关人员研究了影响染料固色的各种参数和各种测量方法。结果表明，染料的研磨和超声波处理可使染料颗粒尺寸最小化，这有利于染料渗透到疏水的涤纶基板中（Osman et al.，2013）。这个结果是在印花色浆中没有加入载体，只调节 pH 的情况下得到的。在 130℃下汽蒸 30min 后，印花织物的固色牢度非常好，超声波处理后的印花织物与未处理的印花织物的固色牢度无差异。通过扫描电子显微镜可观察到研磨后粒径大小对印花色牢度的影响。

1.5.2　相关内容

分散染料是指与某些疏水性纤维有亲和力的水不溶性染料（Schindler et al.，2004）。它们属于非离子型染料，是纺织工业中常用的染料，用于染色化学纤维，如聚酯、聚丙烯腈和醋酯纤维（Gao et al.，2008；Du et al.，2009）。分散染料的水溶性很低，因此在染色过程中应将其研磨至非常低的粒度，并使用表面活性剂使其在水中分散或在纺织品染色时加入载休（Chattopadhyay et al.，2009）。载体用于纤维染色的实际机理一直具有争议。2000 年，Harrocks 和 Anand 认为聚酯纤维吸收载体并膨胀。这种膨胀会阻碍液体在纤维孔道中的流动，造成染色不匀。整体效应导致聚合物玻璃化转变温度（T_g）降低，从而促进聚合物链的移动，产生自由体积。这加速了染料在纤维中的扩散。或者，载体可以在纤维表面周围形成液体薄膜，染料在其中非常快地溶解，从而增加向纤维的转移速度。功率超声（US）可以增强多种化学和物理过程，主要是由于液体介质中的空化现象，即微观气泡的生长和爆炸坍塌。这些气泡的突然爆炸坍塌会产生热点（Lachapelle et al.，2009），即局部的高温、高压、冲击波能够产生破坏化学键的强剪切力。由于染料染色主要是一种湿法染色工艺，会消耗大量的能源和水，并向环境排放大量的废水，因此人们对染色技术进行了大量的探索。空化现象导致超声波辅助着色过程的改进，其他机械和化学效应有如下几种：

(1) 分散（高分子量聚集体的分解）。

(2) 脱气（纤维毛细管中溶解或包裹的空气爆炸）。

(3) 扩散（加速染料在纤维内的扩散速度）。

(4) 液体的剧烈搅动。

(5) 染料/纤维界面扩散层的破坏。

(6) 产生自由基。

(7) 聚合物非晶区的膨胀。

1.5.3　染色工艺

在 100% 涤纶织物上印制了纳米粒子分散染料。染料经过不同时间的研磨和超声波处理，使微小的染料颗粒可以分散在印花浆料中，而不需要添加分散剂，因为纳米颗粒足够小，可以适当地扩散到疏水性纤维中。所用材料均为分析纯（Osman et al.，2013）。分散染料被研磨成较细的粒度。使用直径 6mm 的硬化钢球将染料粉末密封在硬化钢瓶（AISI 44℃不锈钢）中。铣削使用的球粉质量比为 4∶1。染料在不同的时间间隔进行研磨，如 4 天、6 天、9 天和 25 天。在每个铣削间隔后，测量得到的染料粉末的粒度。选择的最小粒径为 23nm，是将染料粉磨 25 天得到的。以 1% 和 3% 的粉状纳米染料粉为原料，分别将 1g 和 3g 染料粉分散于 99mL 蒸馏水和 97mL 蒸馏水中，制备了两种原液。每个分散体都用超声波（720kHz）照射，并在 80℃下搅拌不同时间。

为了研究每个因素，为每个含有两种不同染料浓度的参数制备了两种印刷浆料。使用磷酸二氢钠将 pH 调整为 6。将印花浆料通过平网印花技术印制在织物上，然后将样品置于室温下晾干。采用 130℃汽蒸 30min 和 140℃汽蒸 10min 两种方法对染料进行固色，确定最佳的固色方法，得到最佳的 K/S 值。最后使用 2g/L 的非离子洗涤剂（Sera Wash M-RK），按 1∶50 的比例洗涤织物。皂洗处理在 60℃下进行 10min。

1.5.4 纳米处理对涤纶织物染色 *K/S* 值的影响

1.5.4.1 超声辐照对分散染料粒径的影响

将两种不同浓度的纳米染料溶液分别暴露于超声辐照 4h、6h 和 8h。图 1.18 描述了印花织物汽蒸固色与热溶固色的 *K/S* 值。超声辐照处理对两种染料溶液用于涤纶印花织物的得色率都有很大的影响。为了确定最佳的固色方法，对印花织物分别使用汽蒸固色和热溶固色。对于汽蒸固色的印花织物，染料浓度为 1% 和 3% 的印花色浆经超声辐照处理后对涤纶印花后得色率分别提高 85.4% 和 53.9%。这是由于超声波促进了染料分子在纤维中的扩散（Broadbent，2001；Fung et al.，2001；Nahed et al.，2010）。此外，超声辐照对分散染料粒径的减小也有显著影响（Saligram et al.，1993；Ahmed et al.，1996）。另外，图 1.20 显示热溶固色对印花的 *K/S* 值有负面影响。这些结果表明，在没有载体的情况下，热溶固定只能固定 50%~70% 的染料，而在蒸煮的过程中，蒸汽在冷织物上冷凝，使其温度上升到 100℃，使增稠剂膜膨胀。在蒸汽作用下，冷凝水大部分再次蒸发，但增稠剂不会像干法固定那样固定在织物上，从而使织物的手感变得柔软。吸收能力（积累）与蒸汽压力和相应的温度成比例增加。在高压下达到的颜色深度不可能通过在较低压力下使用较长的持续时间得到。经验证，汽蒸固色是最佳的固色工艺，因此选用此工艺。

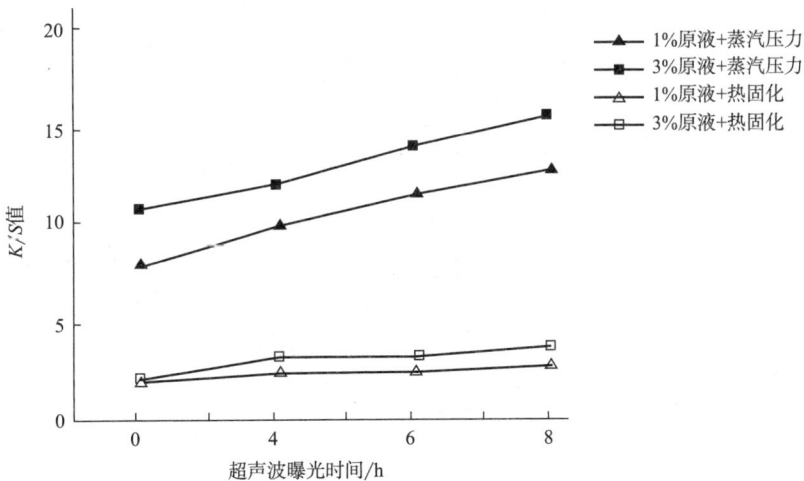

图 1.20　超声波曝光时间对蒸煮和热固化涤纶印花 *K/S* 值的影响

（Osman et al.，2013）

1.5.4.2 印花色浆的pH对涤纶织物染色 K/S 值的影响

由于分散染料对碱敏感，聚酯纤维通常在酸性条件下染色（Ahmed et al.，1996）。磷酸二氢钠不同于某些有机酸，它对镍网没有腐蚀作用，而且可与天然增稠剂相容。图1.21说明了超声辐照纳米染料8h后印花浆料pH对涤纶织物 K/S 值的影响。印花工艺采用1%和3%分散染料溶液在涤纶织物上印花，然后在130℃汽蒸30min。在pH为6的两种染料溶液中，染色强度的最佳值均已达到，这意味着使用纳米粒分散染料有助于染料在pH较中性的情况下更容易渗透到纤维中。

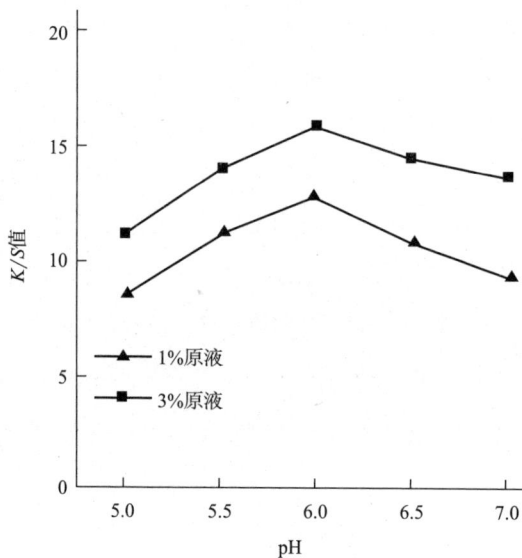

图1.21 印花浆料的pH对聚酯织物印花色强度的影响（Osman et al.，2013）

1.5.4.3 蒸汽条件对涤纶织物染色 K/S 值的影响

如果不使用载体，即使使用100℃的饱和蒸汽，固定也是不完全的。此外，在高压下达到的颜色深度是不可能通过在较低压力下持续较长时间而得到的（Lee et al.，2001）。最常见的聚酯纤维是结晶状的，非常疏水，没有离子基团。热水不会使它们膨胀，大的染料分子（扩散系数低）也不容易渗透到纤维内部。

相关人员研究了蒸煮温度和蒸煮时间对两种不同浓度的分散染料纳米颗粒印花涤纶织物 K/S 值的影响（图1.22）。

试验结果表明，在130℃蒸煮40min时，同时提高蒸煮温度和蒸煮时间可获得

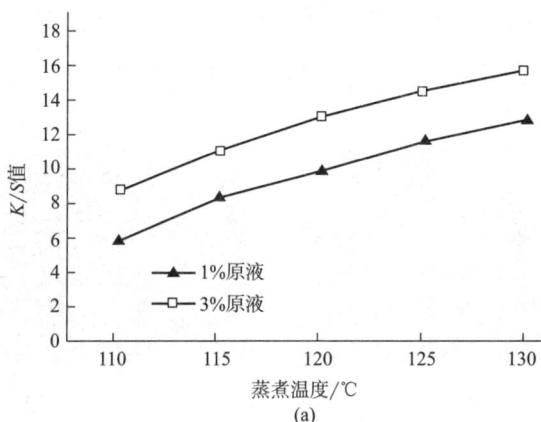

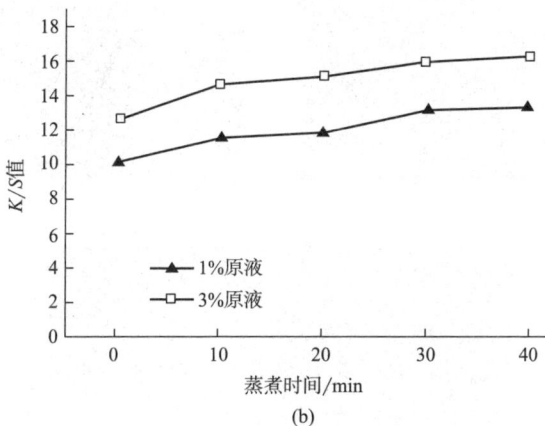

图 1.22　热蒸温度和时间对涤纶印花 K/S 值的影响（Osman et al.，2013）

最佳的 K/S 值。由于在长时间的蒸煮过程中会出现微小的色差，所以选择 30min 作为最佳蒸煮时间。

印花浆中不添加载体时，染料颗粒的纳米尺寸和超声波处理染料的效果均较为理想。

1.5.4.4　SEM 和 TEM 表征

图 1.23 和图 1.24 显示了染料样品经不同时间研磨后暴露在超声波作用下的表面形态、结构和粒度。染料颗粒的扫描电镜图像呈现出不同的形状，如破碎的碟形、球形和微小的散点（图 1.23）。与未研磨样品相比，9 天和 25 天研磨样品的 TEM 图像如图 1.24 所示。图像显示出均匀的球形染料纳米颗粒。纳米分散染料的平均粒径为 200~23nm。结果表明：随着研磨时间的延长，颗粒尺寸逐渐减小。研

磨后粒度的差异是由于球磨机中作用在染料颗粒上的剪切力的影响，最终将粒度从研磨前的 200nm 转变为研磨 9 天后的 60nm 和研磨 25 天后的 23nm。

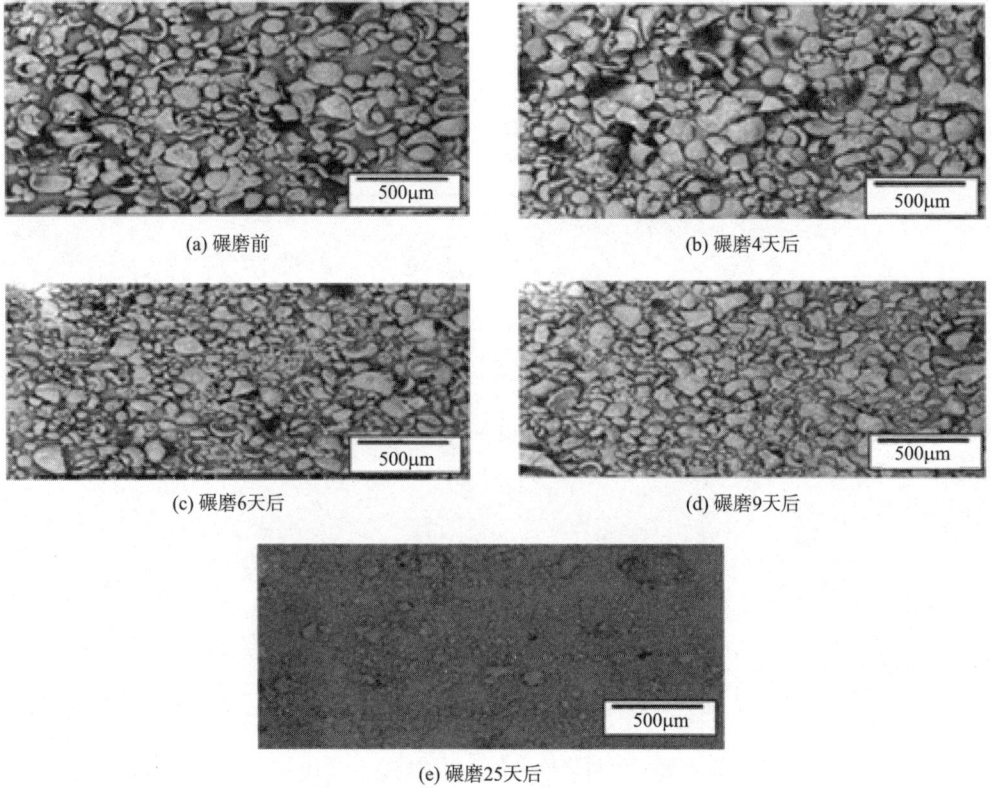

(a) 碾磨前

(b) 碾磨4天后

(c) 碾磨6天后

(d) 碾磨9天后

(e) 碾磨25天后

图 1.23　分散染料碾磨前后的 SEM 图像（Osman et al. ，2013）

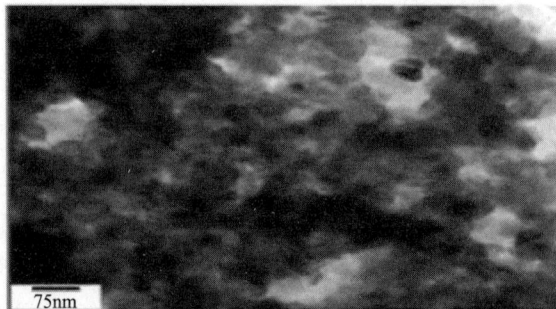

(a)

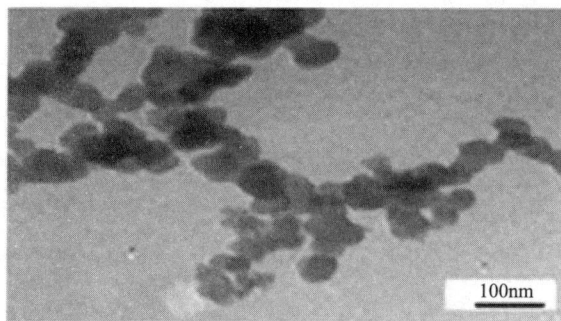

(b)

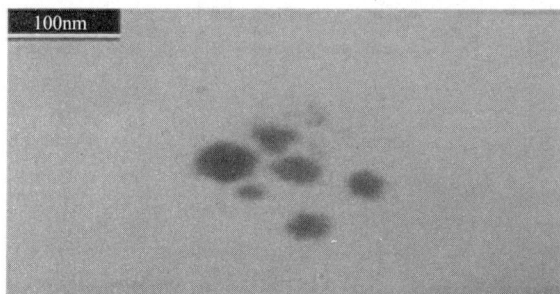

(c)

图 1.24　代表性染料碾磨前后的 TEM 图像（Osman et al.，2013）

1.6　黄麻混纺织物的纳米聚硅氧烷整理

1.6.1　概述

　　纳米聚硅氧烷可在黄麻纤维表面形成均匀的聚合物膜，减小了表面摩擦，增加了柔软度，对织物手感的改善有积极的影响（Lakshmanan et al.，2014）。与其他整理方法相比，纳米硅氧烷/纳米聚硅氧烷复合整理方法可以更好地降低织物的弯曲刚度。纳米+微聚硅氧烷复合整理对改善黄麻混纺织物的折皱回复性优于其他复合整理。纳米硅氧烷整理使黄麻纤维的纬向弯曲刚度下降更多，从而改善了黄麻纤维的内柔软性。最后，通过纳米与微米聚硅氧烷整理的结合，展示了改善黄麻混纺织物手感方面的应用前景。

1.6.2　相关内容

　　黄麻是一种重要的纤维素纤维，主要由纤维素、半纤维素和木质素组成，广泛应用于粮食的包装。但由于其与半纤维素和木质素结合的多细胞纤维结构，使其具有粗糙度、粗度和刚度等独特性能（Leslie，1994；Kundu，1956）。这些性能通常会在织物生产过程中出现问题，并影响最终产品的性能。由于这个缺点，黄麻不是服用纺织品的首选材料。通过将黄麻纤维与合成纤维、棉或黏胶短纤维混纺开发细纱是制备黄麻混纺服装的可能途径之一。在传统的黄麻纺纱系统上，通过改变黄麻和中空涤纶纤维的线密度、捻度和混纺比例，制备了线密度为122tex的黄麻/涤纶（70/30）纱（Rowell et al.，1998；Debnath et al.，2007a，b）。以棉纱为经纱，在手摇织机上进行织造，开发联合织物。对该织物的力学性能进行了评价，并与传统服装面料进行比较。结果表明，这种黄麻混纺织物的性能符合冬季服装的基本要求，因此可以作为冬季服装的外套面料（Debnath et al.，2009）。然而，由于黄麻纤维的表面粗糙，织物的手感不能达到要求的柔软度。通常可利用如精练、染色和整理等纺织工艺来提高纺织产品的附加值和性能（Debnath et al.，2011）。

　　可以在黄麻纤维表面形成均匀薄膜的化学整理能够提高黄麻混纺织物的手感性能（Ammayappan et al.，2013）。聚硅氧烷化学整理可以改善纤维聚合物的柔韧性，提高表面柔软度和手感。通过应用各种尺寸的聚硅氧烷单独作为纳米、微米、大分子聚硅氧烷乳液或这些形式的组合，可以提高羊毛/棉纤维织物的柔软性（Ammayappan et al.，2010）。

　　关于纳米硅氧烷单独或复合整理在黄麻混纺织物上应用的资料很少。为此，在五种化学整理配方中采用轧干固化技术将纳米硅氧烷应用于黄麻混纺织物，并对其性能进行比较。

1.6.3　整理剂

　　添加在黄麻混纺织物上的化学整理剂用量见表1.2。纳米聚硅氧烷基整理剂的添加率（3.56%）高于其他纳米聚硅氧烷组合整理剂（<3.08%）。天然纤维的细胞壁由数百个片层组成，孔隙大小为160~380nm（Parthasarathi，2008）。纳米、微米

和大分子聚硅氧烷乳液的尺寸分别在 50~100nm、200~300nm 和 500nm 之间（Lak-shmanan et al.，2014）。

　　在使用过程中，大部分纳米聚硅氧烷乳液可以很容易地吸附在纤维表面，然后扩散到纤维基体内部；微米聚硅氧烷乳液可以部分渗透到纤维内部；大分子聚硅氧烷主要可以涂布在纤维表面，而阳离子柔软剂可以涂布在纤维表面（Ammayappan et al.，2010）。由于纳米聚硅氧烷扩散行为的改善，沉积的程度高于其组合整理。此外，在组合方法整理中，纳米聚硅氧烷在纤维内部的扩散受到阻碍，导致整理添加剂的减少。

表 1.2　黄麻混纺织物整理（Lakshmanan et al.，2014）

组合序号	化学整理剂	添加量/ $(g \cdot L^{-1})$	添加率/%	方法
1	CerapermTOWI	80	3.56	纳米聚硅氧烷(简写:纳米)
2	MW	40+40	3.08	纳米聚硅氧烷+微米聚硅氧烷(简写:纳米+微米)
3	Ceraperm TOWI+CerapermUP	40+40	2.98	纳米聚硅氧烷+大分子聚硅氧烷(简写:纳米+大分子)
4	Ceraperm TOWI+LeominHBN	40+40	3.05	纳米聚硅氧烷+阳离子柔软剂(简写:纳米+阳离子)

1.6.4　整理工艺

　　采用黄麻/涤纶（70/30）纬向联合织物和研磨前后棉（100 英支）经向联合织物。为了减少整理过程中水的消耗，采用干湿法对织物进行整理，因此在pH 为 5 时不进行预处理（Lakshmanan et al.，2014）。织物烘干后，用蒸馏水冲洗去除非离子洗涤剂，常温烘干。按照标准程序（BIS，2012；AATCC，2003）对整理和未整理样品的整理加工性能、弯曲长度、弯曲刚度和干折皱回复角等性能进行了评价。利用扫描电子显微镜对黄麻纤维样品进行了表面放大研究。

1.6.5 纳米聚硅氧烷整理对黄麻混纺织物性能的影响

1.6.5.1 干折皱回复角

图 1.25 描绘了经整理和未经整理的黄麻混纺织物在经纬两个方向上的干折皱回复角。黄麻和棉纤维的纤维基质中含有许多游离羟基，当使用纳米聚硅氧烷预聚物理理时，它们以薄膜的形式在纤维表面聚合，从而掩盖了游离的羟基。与未整理织物相比，纳米+微米和纳米+阳离子组合整理织物的折皱回复角均有改善（英国标准，2012；美国纺织化学家和染色学家协会，2003；Steele，1962；Bajaj，2002）。采用微米聚硅氧烷整理后，织物的经纱（10%）和纬纱（7%）折皱回复性均有所提高。

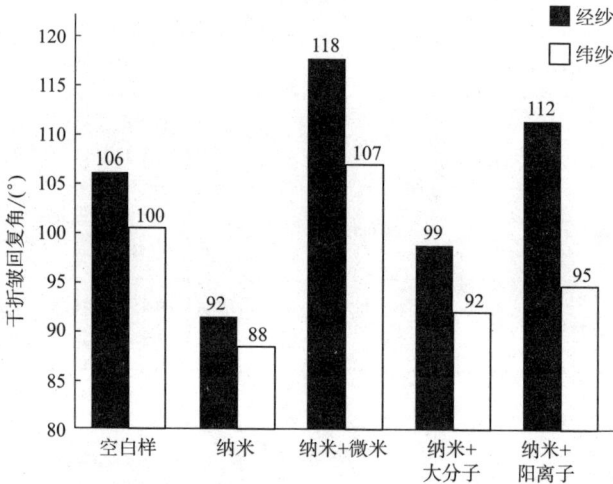

图 1.25　经不同组合方法整理后黄麻混纺织物的干折皱回复角（Lakshmanan et al.，2014）

由于纳米聚硅氧烷改善了黄麻和棉纤维的内柔软性，因此在折皱回复性方面并未显示出积极的改善。但由于纬纱中含有黄麻纤维，经整理的织物和未经整理的织物的经向干折皱回复角均高于纬向。

1.6.5.2 弯曲长度

图 1.26 表征了经整理和未经整理的黄麻混纺织物在经纬两个方向上的弯曲长度。由于经纱与纬纱的线密度变化以及黄麻纤维在纬向的刚度变化，控制织物的纬向弯曲长度大于经向。在经纱方向，纳米+大分子聚硅氧烷乳液复合整理比

纳米聚硅氧烷整理（5%）弯曲长度减少更多（10%），而在纬纱方向，纳米聚硅氧烷整理比其他整理组合（4%~9%）弯曲长度减少更多（12%）。因为纳米聚硅氧烷在纤维基体内扩散良好，形成聚合物网络，改善纤维原纤的柔软度，即黄麻纤维的内柔软度，因此纳米聚硅氧烷整理可降低黄麻纤维的弯曲刚度（Saville，1999）。但在组合整理的情况下，纳米聚硅氧烷对内部柔软度的改善可能会降低，因此弯曲长度的减少在经纱方向上比在纬纱方向上要小。经纳米聚硅氧烷整理的织物在纬纱（黄麻—聚酯纱）方向上减小弯曲刚度效果比经纱（棉纱）好（图 1.24）。

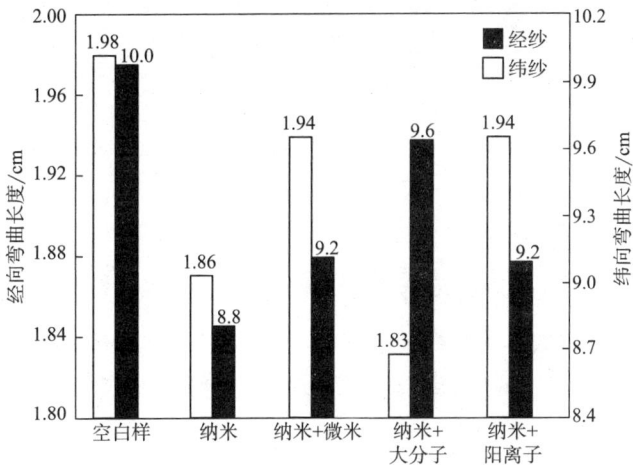

图 1.26　经不同组合方法整理后黄麻混纺织物的弯曲长度（Lakshmanan et al.，2014）

1.6.5.3　抗弯刚度

图 1.27 表征了经整理和未经整理的黄麻混纺织物在经纱和纬纱方向的抗弯刚度。弯曲刚度是表征织物抵抗外力弯曲的能力，它与织物的单位面积质量和弯曲长度有关（Ammayappan et al.，2011；Ren et al.，2008）。黄麻纤维比棉纤维具有更高的刚度，因此，无论是未经整理的织物还是经整理的织物，黄麻纤维的纬向弯曲刚度（19360mg/cm）均高于经向弯曲刚度（150mg/cm）。与其他整理组合方法相比，经纳米+大分子聚硅氧烷整理的织物在经纱（20%）和纬纱（31%）方向的柔韧性均更好。

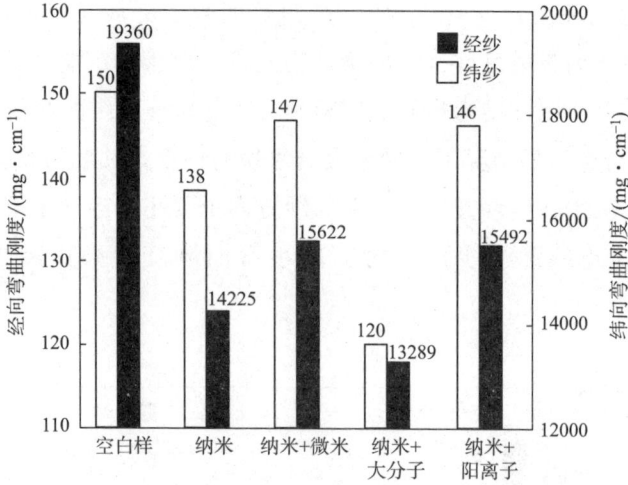

图 1.27　经不同组合方法整理后黄麻混纺织物的弯曲刚度（Lakshmanan et al.，2014）

1.6.5.4　SEM 表征

图 1.28 显示了未经整理的黄麻纤维和经其他 4 种纳米聚硅氧烷整理黄麻纤维的 SEM 图像。推断未经整理的黄麻叶片表面有不规则的凹槽，经整理后在纤维表面形成一层聚合物薄膜。纳米+聚硅氧烷整理比其他组合整理的涂层和沟槽覆盖率更高（Lakshmanan et al.，2014）。

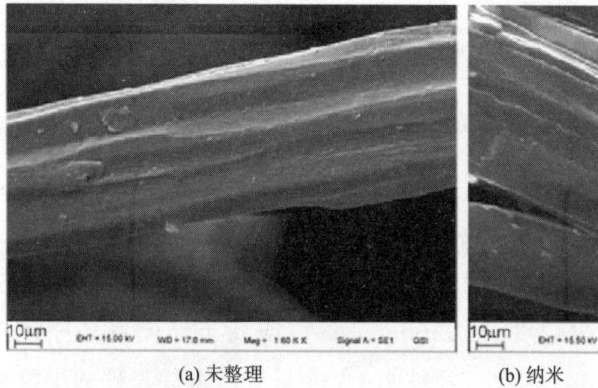

(a) 未整理　　　　　　　　　(b) 纳米

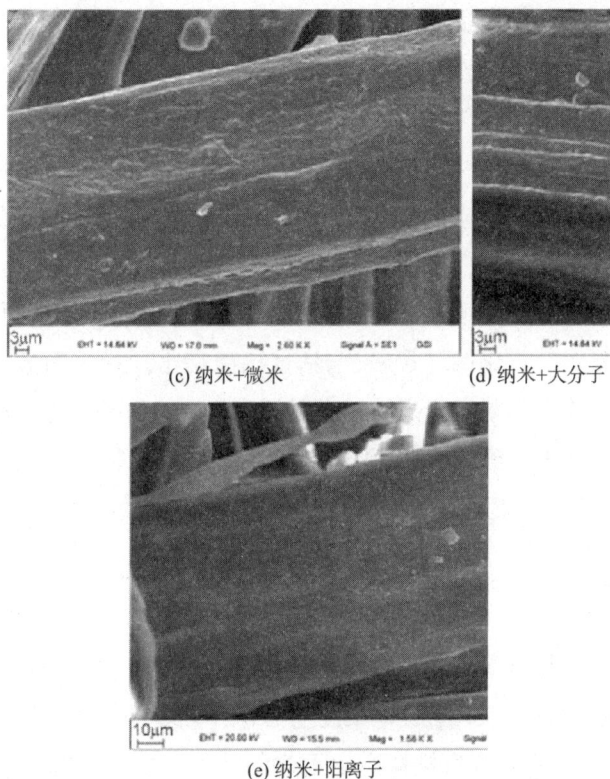

(c) 纳米+微米　　　　　　　　(d) 纳米+大分子

(e) 纳米+阳离子

图 1.28　经不同组合方法整理后黄麻纤维的 SEM 图像（Lakshmanan et al.，2014）

1.6.5.5　成本效益

　　采用干湿整理法对织物进行化学整理并与湿湿整理法（工业化）进行比较。在干湿整理法中，使用 100L 70% 的整理液，预计可完成近 143kg 干织物整理，而在湿湿整理法中 100L 20% 的整理液可整理近 500kg 湿织物（Lakshmanan et al.，2014）。考虑到成本因素，采用纳米+大分子或纳米+微米组合整理对黄麻基纺织品进行湿湿整理，可以降低整理成本，且整理性能耐用。

1.7　黏胶织物的纳米金属氧化物整理

1.7.1　概述

　　傅里叶变换红外光谱图像表明：未经处理的黏胶织物用 3−溴丙酸进行预处理

然后再添加纳米金属，会促进黏胶织物与 3-溴丙酸之间的反应。在黏胶织物改性过程中，碱结合能力随 3-溴丙酸用量的增加而显著提高，恰好解释了黏胶的羟基活性基团与 3-溴丙酸的卤化物之间发生了反应（El-Sayeed et al.，2015）。引入的羧基具有将纳米金属氧化物从其悬浮液吸引到织物上的能力。研究还表明，经 3-溴丙酸处理的黏胶织物对微生物的生长不具有抑制能力。只有在用 3-溴丙酸处理后再用纳米金属氧化物处理，才能获得抑制微生物在黏胶织物上生长的独特能力。同样可以看出，纳米金属处理的黏胶织物对微生物生长的抑制能力从大到小依次为：氧化锌、氧化铝、氧化钛（Ⅳ）。与活性抗菌相比，3-溴丙酸具有更高的抗真菌能力。添加到织物上的羧基充当纳米金属氧化物的吸引基，也可以将这些纳米金属氧化物固定到织物上。经过 3-溴丙酸和纳米金属氧化物处理的黏胶织物，即使经过 30 个洗涤周期，仍能观察到较高的抗菌活性。

1.7.2 相关内容

众所周知，纺织品是微生物生长的适宜基质，特别是在纺织品与人体接触的适当湿度和温度下。随着公众日益提高的卫生意识，许多针对纺织品抗菌剂的研究应运而生。抗菌剂用于防止纺织材料产生不好的效果，如变色降解、纤维着色和变质、产生难闻气味、增加潜在的健康风险（Dastjerdi et al.，2009；Hasebe et al.，2001；Bagherzadeh et al.，2007；Montazer et al.，2007；Gao et al.，2008）。通过控制微生物来提高纺织品卫生水平迫在眉睫。研究人员一直致力于通过应用无机纳米技术对纺织品进行抗菌改性（Ladhari et al.，2007；Nakashima et al.，2001；Perelshtein et al.，2008；Shin et al.，1999；Yang et al.，2003；El-Sayed et al.，2010，2012；KantouchandEl-Sayed，2008；Kantouch et al.，2013；Mekewi et al.，2012；Fu et al.，2005）（Wong et al.，2006b；Daoud et al.，2004；Daoud et al.，2005；Li et al.，2007；Tong et al.，2003；Ki et al.，2007；Liu et al.，2008；Parikh et al.，2005）。

大多数纺织品在其整个使用寿命周期内都会被反复洗涤，因此纳米金属整理织物的洗涤耐久性非常重要。多元羧酸是具有化学和热稳定性的多功能有机分子（Bendak et al.，2008；Salama et al.，2011）。多元羧酸在 160℃ 以上的高温下可以与纤维素织物的羟基形成酯键（Barari et al.，2009）。多元羧酸也被用来改善有机—无机界面的黏附性（Huang et al.，2011）。

当前研究旨在通过将丙酸基团在较低的温度（低于 100℃）下作为活性中心，固定在纤维素聚合物链上制备永久性的抗菌黏胶织物。在添加某些氧化物，如氧化钛、氧化锌或氧化铝纳米颗粒的情况下，添加羧基可成为其活性中心。研究还评估了改性纺织品对特定微生物的耐久性能和抗菌效率。

1.7.3　整理工艺

实验选取 100% 平纹黏胶织物。所使用的化学药品均为实验室级，包括 3-溴丙酸（97%）、氧化铝纳米粉（粒径 50nm）、氧化锌纳米粉（粒径 50nm）和氧化钛（Ⅳ）纳米粉（粒径 70nm）（El-Sayeed et al.，2015）。织物处理包括两个步骤：先用 3-溴丙酸对黏胶纤维织物进行预处理，然后用金属纳米粉，如氧化铝、氧化锌或氧化钛（Ⅳ）纳米粉悬浮液对织物进行处理。实验进行以下研究：

（1）傅里叶变换红外光谱；

（2）透射电镜；

（3）抗菌和抗真菌活性；

（4）耐洗牢度；

（5）金属化黏胶样品的洗脱——用原子吸收光谱仪测定洗脱金属离子的含量。

1.7.4　黏胶织物与碱的结合能力

图 1.29 显示了用于预处理中的 3-溴丙酸浓度与改性黏胶纤维织物的碱结合能力（羧基含量）之间的关系。研究结果表明，未处理的黏胶纤维织物具有一定的羧基（50meq/100g 织物），这是由其本身的性质和生产工艺条件决定的。随改性过程中 3-溴丙酸含量的增加，该值明显增加。实验所得的数据支撑了黏胶的羟基与 3-溴丙酸中溴原子之间的反应。

1.7.5　3-溴丙酸浓度对黏胶织物吸收纳米金属氧化物的影响

众所周知，羧基能够通过静电作用或金属氧化物的锚定作用相互吸引，比如二氧化钛的静电作用（Campus et al.，1999；Dhananjeyan et al.，2001）。本研究表明，加入羧基的黏胶织物对纳米金属氧化物，如氧化铝、氧化锌或氧化钛

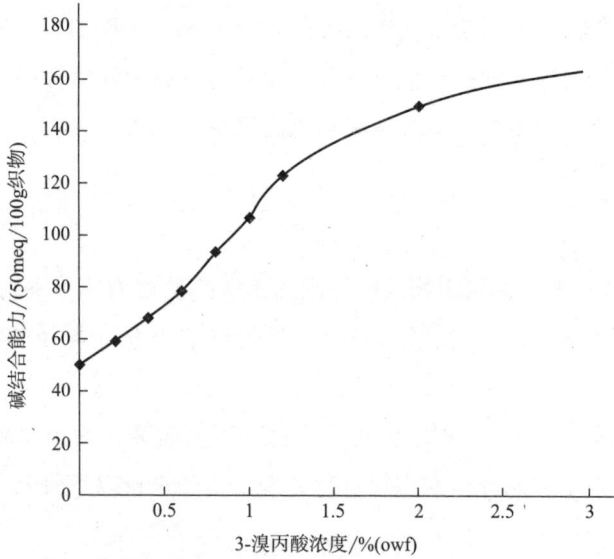

图1.29　3-溴丙酸浓度对预处理黏胶织物碱结合能力的影响（El-Sayeed et al. , 2015）

（Ⅳ）的吸附能力随3-溴丙酸浓度的增加而增加，即黏胶织物对纳米金属吸收量增加（图1.30）。

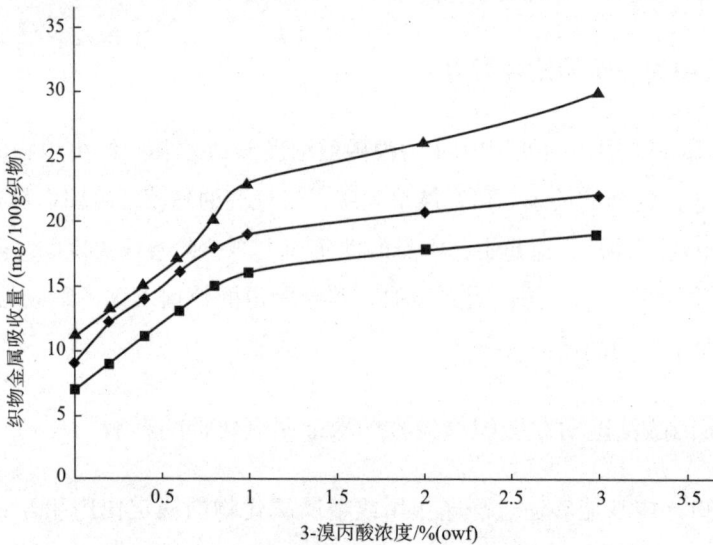

图1.30　不同浓度的3-溴丙酸和纳米金属氧化物对黏胶织物抗菌性能的影响

1.7.6　纳米金属氧化物整理对黏胶织物红外光谱的影响

图 1.29 为未处理的黏胶织物和经 3-溴丙酸和纳米金属氧化物预处理的黏胶织物的 FTIR 图像。未经处理的黏胶织物的光谱特征表明，在 $3396.6cm^{-1}$ 处有一个明显的羟基峰，宽峰，清晰可见（图 1.31a）。用 3-溴丙酸处理的黏胶织物的光谱特征表明，在 $1560cm^{-1}$ 处观察到一个新峰的形成（图 1.31）。这是由于添加到织物表面的羧酸盐基团的拉伸振动形成的一个新的特征峰（El-Sayeed et al.，2015）。这一新峰可以作为黏胶织物与 3-溴丙酸反应机理的支撑（图 1.32）。与只用 3-溴丙酸处理的黏胶织物相比，先用 3-溴丙酸处理后，再用纳米金属氧化物（氧化钛、氧化铝或氧化锌）处理的黏胶织物的光谱特征没有变化（图 1.31c~e）。

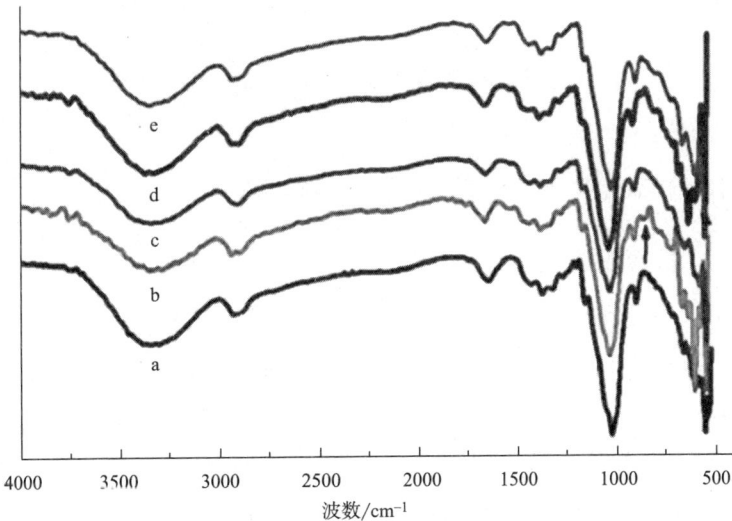

图 1.31　未经处理的黏胶织物和经 3-溴丙酸与纳米金属氧化物预处理的
黏胶织物的 FTIR 图像（El-Sayeed et al.，2015）

a—未经处理的黏胶织物　b—添加 3-溴丙酸的黏胶织物　c—添加纳米氧化铝和 3-溴丙酸的黏胶织物
d—添加纳米氧化钛和 3-溴丙酸的黏胶织物　e—添加纳米氧化锌和 3-溴丙酸的黏胶织物

OH   OH
| |
————————————|————————   ————————————|————————
黏胶织物

+

Br—CH₂—CH₂COONa

│ NaOH
−NaBr │
↓

O—CH₂—CH₂COONa   O—CH₂—CH₂COONa
| |
————————————|————————   ————————————|————————
黏胶织物

│ HCl
↓

O—CH₂—CH₂COOH   O—CH₂—CH₂COOH
| |
————————————|————————   ————————————|————————
黏胶织物

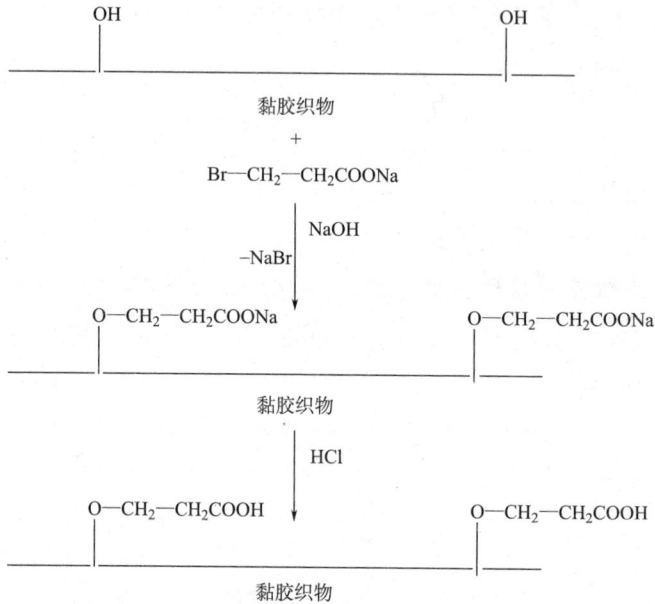

图 1.32 3-溴丙酸与黏胶织物的反应机理（El-Sayeed et al.，2015）

1.7.7　纳米金属氧化物整理对黏胶织物性能的影响

1.7.7.1　抗菌活性

黏胶织物经 3-溴丙酸处理后，再进行纳米金属氧化物处理（氧化铝、氧化锌或氧化钛），目的是消灭常见的革兰阴性菌（大肠杆菌）和真菌（白色念珠菌）。图 1.33（a）、（b）显示经 3-溴丙酸处理的黏胶织物对微生物的无抵抗能力。然而，先经 3-溴丙酸预处理后再用纳米金属氧化物处理的黏胶织物上，发现一种独特的抑制微生物生长的能力（El-Sayeed et al.，2015）。从图中可以明显看出，纳米金属改性黏胶织物抑制微生物的生长能力从大到小依次为氧化锌、氧化铝、氧化钛（Ⅳ）。纳米氧化物之所以能减少活菌菌落的数量，可能是由于其对细菌细胞壁的环境压力（活性氧种类水平），会破坏细胞壁和外膜。它允许细胞内容物泄漏和纳米氧化物进入，导致细胞形状不规则和凹陷（Okay，2010）。同时，证明 3-溴丙酸的抗真菌活性优于其抗菌活性。

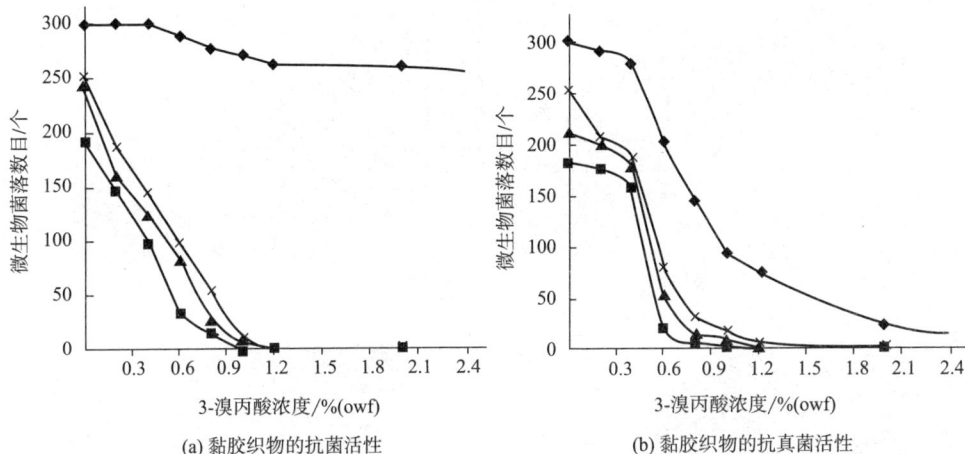

(a) 黏胶织物的抗菌活性　　　　　　　　(b) 黏胶织物的抗真菌活性

图 1.33　3-溴丙酸和纳米金属氧化物对黏胶织物的影响（El-Sayeed et al.，2015）

1.7.7.2　抗菌耐久性

为研究黏胶织物对微生物生长的抑制能力，研究人员分别采用纳米金属氧化物对黏胶织物进行预处理，添加 3-溴丙酸和纳米金属氧化物对黏胶织物进行预处理，并均经过 30 次洗涤循环。与仅用纳米金属氧化物处理的织物相比，经 3-溴丙酸处理和纳米金属氧化物处理的黏胶织物对微生物生长有明显的抑制作用（El-Sayeed et al.，2015）。产生该现象的原因可能是由于经 3-溴丙酸处理过的黏胶织物上的金属氧化物的浓度较高。添加到织物中的羧酸基团不仅充当纳米金属氧化物的吸引基团，而且将它们固定在织物上，故用 3-溴丙酸和纳米金属氧化物处理的黏胶织物即使经过 30 个洗涤周期，仍可保持较高抗菌活性的能力。

1.7.7.3　TEM 表征

未经处理和经过处理的黏胶织物的形态表明，用 3-溴丙酸和纳米金属氧化物处理后，黏胶纤维织物的形态结构没有明显差异（图 1.34）。这种现象是由于纳米颗粒在织物表面形成透明层的能力而产生的。

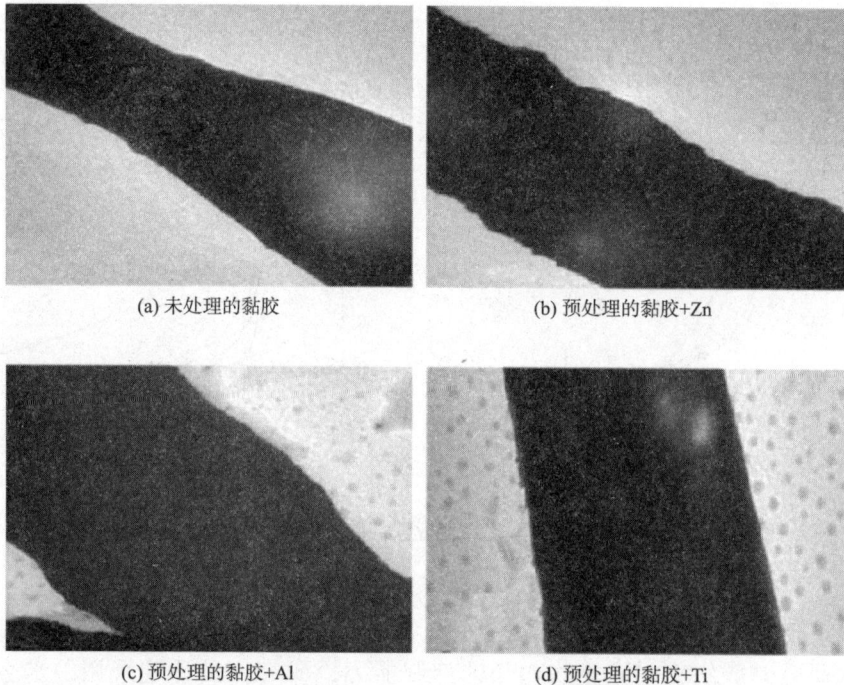

(a) 未处理的黏胶

(b) 预处理的黏胶+Zn

(c) 预处理的黏胶+Al

(d) 预处理的黏胶+Ti

图 1.34　用 3-溴丙酸和纳米金属氧化物处理的未处理和
预处理的黏胶织物的 TEM 图像（El-Sayeed et al.，2015）

1.8　棉织物的纳米水凝胶整理

1.8.1　概述

　　纳米复合水凝胶改性棉织物的性能表明，纳米复合凝胶对 pH 和温度具有新型智能感应能力。由于纳米颗粒粒径较小，改性织物的厚度与对照样品无显著差异。由于使用 1,2,3,4-丁烷四羧酸作为交联剂将水凝胶纳米颗粒连接到织物上，因此智能纺织品没有抗皱效果。但由于交联过程中羟基的参与，使改性织物的折皱回复角（CRA）大小比对照样品有所增加。水蒸气转变、透气性和芯吸性是决定织物舒适性的主要因素（Bashari et al.，2015）。由于纳米水凝胶颗粒粒径较小，所以含有 pH 和温度双重响应的纳米水凝胶表面改性体系对上述舒适性参数没有负面影响，尤其是在低临界溶液温度（LCST）（32℃）以上的温度下，改性织物的芯吸性增加。研究结果表明，双响应纳米粒子的控制收缩或膨胀能够提高纺织材料的智能性，特别是在液体处理的情况下，所得到的功能材料能够对环境条件的变化作出满意的反应，并且能够保持个人的舒适性。智能棉作为一种先进材料在体育、医用纺织品等技术领域有着良好的应用前景。

1.8.2　相关内容

水凝胶也称为亲水凝胶，是交联聚合物材料，能够吸收大量的水而不溶解。柔软性、智能性和储存水的能力使其可用于多种用途（Roy et al. , 2010）。某些水凝胶在温度、pH、电场和磁场、溶剂质量和光等外部刺激下会出现突然的体积变化（Jocic et al. , 2009）。近年来，聚合物刺激响应系统在纺织品功能整理方面的研究进展越来越多。研究人员已经证明，他们可以将亚微米水凝胶应用于极薄的纺织品上。纳米水凝胶比微凝胶或块状水凝胶的比表面积更高，更加敏感（Hu et al. , 2012）。通过这种新的整理方法，可以生产出新的智能织物，其既拥有常规纤维织物的性能（柔性、机械强度和穿着舒适性），又因纺织品的表面改性非常薄，则可显示出高级性能或环境响应性。

智能纺织品的一般概念是指具有可以感知和解释其环境中的刺激并做出适当响应的纺织品结构。其与具有特殊性能的多功能或高性能非活性材料的纺织品概念不同（Bashari et al. , 2013）。刺激响应性水凝胶可以通过不同的技术接枝到棉、聚丙烯（PP）和涤纶（PET）织物的表面（Bashari et al. , 2013）。常见的研究方法是通过化学（阳离子化和阴离子化）或物理（空气、氮气、氩等离子体或 γ-辐射）技术或通过使用交联剂（葡萄糖醛醛和 1,2,3,4-丁烷四羧酸）将水凝胶颗粒施加于非活性纺织品基材（Matsukuma et al. , 2006）。重点研究了在棉织物上应用薄层 pH 温度双响应性聚丙烯酰胺/壳聚糖纳米水凝胶后的常规性能（特别是生理舒适性能）。

1.8.3　整理工艺

实验选取纯脱脂棉织物。使用的化学品包括 NIPAAm 单体（99%纯度，稳定）、壳聚糖（中等分子量，黏度 1%的 1%醋酸溶液，200~800mPa·s）、N,N-亚甲基双丙烯酰胺（MBA）和过硫酸铵（APS）、BTCA、次磷酸钠（SHP）、非离子表面活性剂 Adrasil HP（P-836）和 N,N,N',N'-四甲基乙烯二胺（TEMED）。对亚甲基蓝（MB）和其他化学品进行分析分级，无须进一步纯化即可使用。在前期工作中已经证实纳米复合水凝胶对改性棉织物的 pH 和温度响应性。对改性棉织物的吸水率（WU）和保水率（WRC）进行研究，以评价纺织品对上述两种刺激的智能性能（Aguilar et al.，2007）。研究表面改性对棉织物厚度的影响，测定智能织物的折皱回复角，测定改性织物的黄度指数（YI）。为研究刺激响应整理对棉织物生理舒适性参数的影响，对织物的水蒸气透过率、透气性和竖向芯吸性进行测试。在两种不同的条件下（25℃ 和 40℃，相对湿度为 65%）测量了棉织物的水蒸气透过率（WVT）。纳米复合凝胶的温度响应成分的低临界溶液温度在 32℃ 左右，因此已选择了低临界溶液温度上下两个温度条件（Kittinaovarut，1998）。水蒸气的传输速率以 g/m^2 为单位，时间为 24h。

1.8.4　纳米水凝胶整理对织物性能的影响

1.8.4.1　厚度

本节讨论了智能整理对改性棉织物厚度的影响。实验样品：1~3 样品分别代表经过 4%（owf）、6%（owf）和 8%（owf）PNCS 水凝胶处理，添加适量的 1,2,3,4-丁烷四羧酸（BTCA）、次亚磷酸钠（SHP）改性的棉织物以及表面未经任何水凝胶处理的棉织物作为对照样品（Bashari et al.，2015）。与对照样品织物相比，改性织物的厚度增加，表明织物上存在智能纳米凝胶体系。对于在 30℃（温度低于低临界溶液温度的 PNCS 纳米凝胶）和标准相对湿度下测得的厚度，在温度低于低临界溶液温度时，水凝胶的存在对织物厚度的影响大于在温度高于低临界溶液温度时的影响。但在此情况下，纺织样品厚度的增加不超过 5%。

1.8.4.2　折皱回复性

实验得到改性织物和对照织物经、纬向的折皱回复角数据。结果表明，所有改性样品的 CRA 均比对照样品大。这是由于纤维素链的羟基参与了和 PNCS 纳米凝胶和 BTCA 的交联反应，降低了纤维素链的流动性，从而产生皱纹（Bashari et al.，2015）。由于改性织物的折皱回复角与对照织物相比没有显著变化，因此不能认为纳米凝胶改性织物具有抗皱性能。

1.8.4.3　黄度指数

实验测定了改性和对照棉织物的黄度指标。实验结果表明，改性棉织物的黄度提高了近0.5倍。即使对棉花样品的目测在分光光度计上没有显示出明显差异，但实际上发生了变化。棉织物固化时间过长和温度过高，会使纤维素纤维织物焦烧变黄。通常使用160~180℃的温度作为无甲醛耐久压剂，如 BTCA、三羧酸（TCA）和柠檬酸（CA）的固化温度（Bashari et al.，2015）。结果表明，经 CA 整理后的织物比经 BTCA 整理后的织物黄变现象严重。由于固化时间短，加入 BTCA 作为交联剂，导致改性后的棉织物黄度指数最低。

1.8.4.4　水蒸气透过率

图1.35 表示的是改性棉织物和对照棉织物的水蒸气透过率（WVT）。水蒸气在织物中的传输有以下三种方式（Kittinaovarut，1998b）：

（1）织物结构中纱线之间空隙的简单扩散。

（2）沿纤维毛细管传递。

（3）在每根纤维中的扩散。

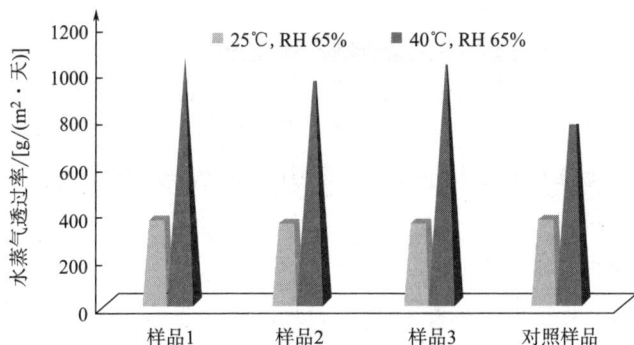

图1.35　改性棉织物和对照棉织物的水蒸气透过率（Bashari et al.，2015）

改性棉织物和对照棉织物的 WVT 结果表明，在40℃时水蒸气的传输速率超过25℃时的传输速率。

PNCS 纳米凝胶在温度低于 LCST 时，水凝胶纳米颗粒处于溶胀状态；在温度高于 LCST 时，纳米颗粒收缩，这分别导致纳米颗粒在织物表面的含水量增加和减少。在40℃时，纳米凝胶颗粒在收缩状态比溶胀状态时水蒸气更容易通过织物。在25℃时，改性样品和对照样品的 WVT 之间无显著差异（Bashari et al.，2015）。尽管纳米凝胶在此温度下的溶胀会导致较少的水蒸气通过纱线之间的空隙（方式1），但随着颗粒中水分含量的增加，水蒸气通过纤维毛细管传输和每根纤维表面扩散的可能性也随之增加（方式 2 和 3），两种作用相互补偿，因此改性棉织物在 25℃时的水蒸气透过率保持与对照棉织物的水蒸气透过率相等。

1.8.4.5 透气性

图 1.36 是改性棉织物和对照棉织物的透气性结果。与对照样品相比，实验室条件下（30℃，相对湿度 60%）改性织物的透气性略有下降。这可能与水凝胶纳米粒子固有的溶胀性有关（Bashari et al.，2015）。另外，由于环境温度低于 PNCS 纳米粒子的 LCST，水凝胶纳米粒子处于膨胀状态，因此纤维之间的某些空隙被阻塞，通过织物的空气量减少。但由于水凝胶呈纳米颗粒状，并且在改性织物表面的含量不超过 8%（owf），与对照织物相比，改性织物的透气性降低不明显。

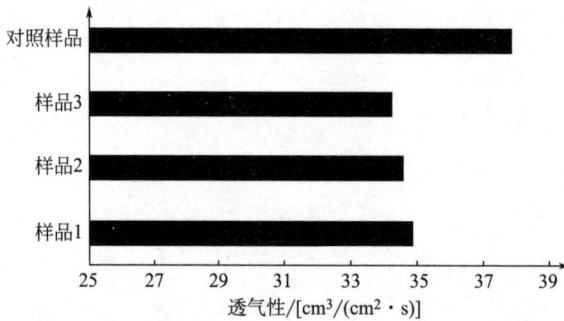

图 1.36　改性棉织物和对照棉织物的透气性（30℃，相对湿度 65%）（Bashari et al.，2015）

1.8.4.6 纵向芯吸性能

图 1.38 描述了改性棉织物和对照棉织物的纵向芯吸性能。以下三个因素会影响液体在纤维毛细管中上升的高度：

（1）接触角（θ）；

（2）表面张力（ρ）；

（3）毛细管直径（R）。

亲水性织物比疏水性织物更容易吸水。随织物亲水性的增加，接触角的增大，织物的润湿面积增大。因此，由于在织物表面的水凝胶具有亲水的性质，经过水凝胶整理的改性棉织物的润湿时间比对照织物的润湿时间短。考虑表面张力对织物芯吸作用的影响，在所有测试中都使用了高锰酸钾溶液，使改性织物和对照织物的表面张力相似。毛细管直径是影响织物芯吸性能的另一因素。织物表面水凝胶体系的膨胀会导致织物中毛细管道（纤维之间的开孔）直径发生变化（Bashari et al.，

2015）。液体流动速度随毛细管直径的减小而增大。本研究采用平纹织物，织物结构相对疏松；纤维间的气孔关闭可以显著减弱织物的芯吸现象。如图 1.37 所示，改性棉织物的芯吸性能比未改性织物有所改善。因为纳米凝胶颗粒的膨胀，使织物表面亲水性增强，织物结构中开孔直径减小，则导致芯吸性能的改善。

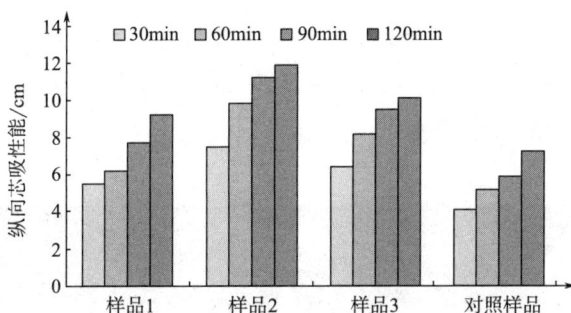

图 1.37　改性棉织物和对照棉织物的纵向芯吸性能（30℃，相对湿度 65%）（Bashari et al. , 2015）

1.8.4.7　耐洗牢度

根据规定的条件（图 1.38），将三种改性织物洗涤五次，测定织物上残留的纳米凝胶整理体系的量。经过五次洗涤，织物表面留有 75%~80% 的初始水凝胶体系。这个结果表明了改性棉织物可接受的耐洗牢度。

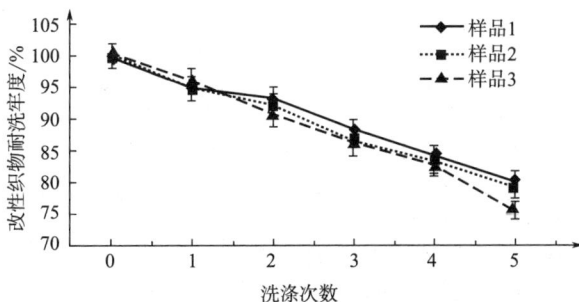

图 1.38　经纳米凝胶整理的棉织物经 5 次洗涤后的耐洗牢度（Bashari et al. , 2015）

1.8.5　SEM 表征

扫描电镜图（图 1.39）证实了 PNCS 微凝胶在棉花表面的掺入。Wu 和 WRC

的结果证实，由于 PNIPAAm 的热响应性和壳聚糖的 pH 响应性，智能织物在低于低临界溶液温度（32℃）和 pH 为酸性（壳聚糖的 $pK_b < 6.5$）的温度下吸水量较大，而在低于低临界溶液温度和 pH 为碱性时吸水量较小。在低临界溶液温度之下，由于氢键的主导作用，聚合物链是亲水的，而在低临界溶液温度之上由于疏水相互作用的主导而发生相分离（Brojeswari et al.，2007）。在酸性 pH 下，壳聚糖的氨基被质子化，因此 PNIPAAm 的负电荷（由于与 APS 的聚合过程，PNIPAAm 纳米粒子具有负电荷）被壳聚糖中和。与带电状态相比，纳米颗粒具有更强的疏水性，这是纳米颗粒保持水化和稳定平衡作用的结果。

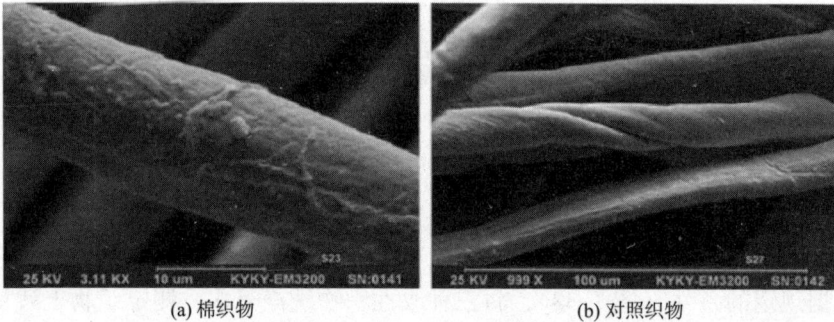

(a) 棉织物　　　　　　　　　　(b) 对照织物

图 1.39　用纳米复合粒子处理过的棉织物和对照织物的 SEM 图像（Bashari et al.，2015）

1.8.6　结论

通过应用纳米银整理剂，可以将棉织物改性成满足特殊功能的织物。改性会影响织物的透气性、透水性、折皱回复角、抗弯刚度等性能，当纳米溶液的浓度超过 500mg/kg 时，大多数的化学和物理性质都下降了。实验完成了用草药萃取物对牛仔布进行整理，通过结合微胶囊和纳米胶囊技术，提高了织物整理的耐久性。即使是洗涤过的织物，仍具有对标准菌株的抗菌作用。纳米壳聚糖可改善棉织物的外观、手感、纤维强力、吸水性、耐洗牢度和折皱回复性。纳米壳聚糖结合纳米银整理使织物显示出更强的抗菌活性。将纳米级分散染料暴露于超声波中，用于印花浆料中，并应用于涤纶织物中。经超声波处理后的印花织物色牢度较好，与未处理染料的印花织物色牢度无明显差异。对纳米硅氧烷整理黄麻混纺织物的研究表明，纳米硅氧烷整理改善了织物的手感、弯曲刚度和折皱回复性。采用纳米与微米聚硅氧烷相结合的整理方法可改善黄麻混纺织物的手感。3-溴丙酸和纳米金属氧化物整理黏胶织物的研究表明，即使经过 30 次洗涤循环，其抗菌活性仍然很高。氧化锌具有最高的抗菌活性，其次是氧化铝和二氧化钛。用 PCNS 纳米水凝胶粒子处理棉织物表明，这些织物对 pH 和温度具有新的敏感性。天然材料在纳米纺织品整理中的应用促进加工过程中的生态友好性，这是可持续发展的一个重要方面。新型纳米纺织品整理剂的性能和应用领域也有了显著改善，从商业角度来看，这些方法更具可行性。综上是提高纳米纺织品整理过程可持续性的关键。

参考文献

Achwal, W. B. (2000). UV protection by textiles. Colourage, (4), 50.

Achwal, W. B. (2003). Chitosan and its derivatives for textile finishing. Colourage, 50 (8), 51-76.

Aguilar, M. R., Elvira, C., Gallardo, A., Vazquez, B., & Roman, J. S. (2007). Smart polymers and their applications as biomaterials, III biomaterials. Topics in Tissue Engineering, 1.

Ahmed, W. Y. W., &Loman, M. (1996). Journal of the Society of Dyers and Colourists, 112, 245.

American Association of Textile Chemists and Colorists. (2003). AATCC Test Method 66 - 2003. New York, USA: American Association of Textile Chemists and Colorists.

Ammayappan, L., & Moses, J. J. (2010). Functional finishing of jute. Current Chemical Research, 1(1), 19.

Ammayappan, L., Moses, J., Asok, S., Raja, A. S. M., & Jimmy, K. C. L. (2011). Performance properties of multi-functional finishes on the enzyme-pretreated wool/cotton blend fabrics. Textile Color Finishing, 23(1), 1.

Ammayappan, L., Nayak, L. K., & Ray, D. P. (2013). Value addition of jute textiles: present status and future perspectives. In K. K. Satapathy & P. K. Ganguly (Eds.), Diversification of the jute and allied fiber: Some recent developments (pp. 203-224). Kolkata: NIRJAFT.

Anna, N., Jonas, E., Bengt, H., Pernilla, W., & IFP Research AB. (2007). The Nordic Textile Journal. ISSN 1404-2487, 90-99.

Ansari, N., & Maleki, V. (2007). Principles and theories of physical testing of fibers, yarns and fabrics(pp. 159-218). Iran: Jihad Amirkabir University Publication Center.

Bagherzadeh,R. ,Montazer,M. ,Latifi,M. ,Sheikhzadeh,M. ,& Sattari,M. (2007). Fibers and Polymers,8,386.

Bajaj, P. (2002). Finishing of textile materials. Journal of Applied Polymer Science, 83 (202),631.

Barari,M. ,Majidi,R. F. ,& Madani,M. (2009). Preparation of nanocapsules via emulsifier-free miniemulsion polymerization. Nanoscience and Nanotechnology,9,4348.

Bashari,A. ,Hemmati Nejad,N. ,& Pourjavadi,A. (2015). Effect of stimuli-responsive nano hydrogel finishing on cotton fabric properties. Indian Journal of Fibre & Textile Research,40, 431.

Bashari,A. ,Hemmati Nejad,N. ,& Pourjavadi,A. (2013a). Applications of stimuli responsive hydrogels: a textile engineering approach. Journal of the Textile Institute,104(11),1145.

Bashari,A. ,Hemmati Nejad,N. ,& Pourjavadi,A. (2013b). Surface modification of cotton fabric with dual-responsive PNIPAAm/chitosan nano hydrogel. Polymers for Advanced Technologies,24(9),797.

Bendak,A. ,Raslan,W. ,& Salama,M. (2008). Treatment of wool with metal salts and their effects on its properties. Journal of Natural Fibers,5(3),251.

Benita,S. (ed.). (1996). Microencapsulation methods and industrial application. Drugs and the Pharmaceutical Sciences,(2nd ed. ,p. 158).

Bhoomika,G. R. ,Ramesh,G. K. ,& Anita,M. A. (2007). Phyto-pharmacology of Achyranthes asera: a review. Pharmacognosy Review,1,143-149.

Boonyo,W. ,Junginger,H. E. ,Waranuch,N. ,Polnok,A. ,& Pitaksuteepong,T. (2008). Journal of Metallurgy,Materials and Minerals,18(2),59.

British Standards. (2012). BS 3356:1990. London: British Standards Institution.

Broadbent,A. D. (2001). Basic principles of textile coloration (p. 322). England: Society of Dyers & Colorists,Thanet Press Ltd.

Brojeswari,D. ,Apurba,D. ,Kothari,V. K. ,Fangueiro,R. ,& de Araújo,M. (2007). Moisture transmission through textiles,Part I: Processes in moisture transmission and the factors at play. AUTEX Research Journal,7(3),194.

Campus,F. ,Bonhote,P. ,Grätzel,M. ,Heinen,S. ,& Walder,L. (1999). Solar Energy Materials and Solar Cells,56,281.

Chattopadhyay, D. P. , & Inamdar, M. S. (2009). Studies on the properties of chitosan treated cotton fabric. Asian Dyer, 6(5), 47-53.

Chattopadhyay, D. P. , & Inamdar, M. S. (2010). Aqueous behaviour of chitosan. International Journal of Polymer Science, 2010, 1.

Chattopadhyay, D. , & Inamdar, M. S. (2013). Improvement in properties of cotton fabric through synthesizednano-chitosan application. Indian Journal of Fibres and Textile Research, 38, 14.

Chattopadhyay, D. P. , & Patel, B. H. (2009). Improvement in physical and dyeing properties of natural fibres through pretreatment with silver nanoparticles. Indian Journal of Fibre & Textile Research, 34, 368.

Daoud, W. A. , & Xin, J. H. (2004). Low temperature sol-gel processed photocatalytic titania coating. Journal of Sol-Gel Science and Technology, 29, 25.

Daoud, W. A. , Xin, J. H. , & Zhang, Y. -H. (2005). Surface functionalization of cellulose fibers with titanium dioxide nanoparticles and their combined bactericidal activities. Surface Science, 599(1), 69.

Dastjerdi, R. , Mojtahedi, M. , Shoshtari, A. , & Khosroshahi, A. (2010). Investigating the production and properties of $Ag/TiO_2/PP$ antibacterial nanocomposite filament yarns. Journal of the Textile Institute, 101(3), 204.

Dastjerdi, R. , Montazer, M. , & Shahsavan, S. (2009). A new method to stabilize nanoparticles on textile surfaces. Colloids and Surfaces A: Physicochemical and Engineering Aspects, 345(3), 202.

Debnath, S. , & Sengupta, S. (2009). Effect of linear density, twist and blend proportion on some physical properties of jute and hollow polyester blended yarn. Indian Journal of Fibre & Textile Research, 34(1), 11.

Debnath, S. , Sengupta, S. , & Singh, U. S. (2007a). Properties of jute and hollow-polyester blended bulked yarn. Journal of Institution of Engineers (India) Textile Engineering Divison, 87(1), 11.

Debnath, S. , Sengupta, S. , & Singh, U. S. (2007b). Comparative study on the physical properties of jute, jute-viscose and jute-polyester (hollow) blended yarns. Journal of Institution of Engineers (India) Textile Engineering Divison, 88(8), 5.

Debnath, S. , Sengupta, S. , & Singh, P. (2011). Annual report 2010-11 (p. 17). Kolkata: NIRJAFT.

Dhananjeyan, M. , Mielczarski, E. , Thampi, K. , Buffat, P. , Bensimon, M. , Kulik, A. , et al. (2001). Journal of Physical Chemistry B, 105, 12046.

Du, W. -D. , Niu, S. -S. , Xu, Y. -L. , Xu, Z. -R. , & Fan, C. -L. (2009). Antibacterial activity of chitosan tripolyphosphate nanoparticles loaded with various metal ions. Carbohydrate Polymer, 385.

Ebrahim, F. F. S. , & Mansour, O. S. M. (2013). Using Nanomaterials treatments to improve the performance characteristics of garment groups with special needs. Journal of American Science, 9(11), 126-131.

El-Molla, M. M. , El-Khatib, E. M. , El-Gammal, M. S. , & Abdel-Fattah, S. H. (2011). Development of ecofriendly binders for pigment printing of all types of textile fabrics. Indian Journal of Fibre & Textile Research, 36(3), 266.

El-Sayed, A. A. , Dorgham, S. M. , & Kantouch, A. (2012). Application of reactive salicylanilide to viscose fabrics as antibacterial and antifungus finishing. International Journal of Biological Macromolecules, 50(1), 273.

El-Sayed, A. A. , El Gabry, L. , & Allam, O. (2010). Application of prepared waterborne polyurethane extended with chitosan to impart antibacterial properties to acrylic fabrics. Journal of Materials Science: Materials in Medicine, 21(2), 507.

El-Sayeed, A. A. , Salama, M. , Sohad, M. D. , & Kantouch, A. (2015). Modification of viscose fabrics to impart permanent antimicrobial activity. Indian Journal of Fibres and Textile Research, 40, 25.

El-Tahlawy, K. F. (1999). Utilization of citric acid-chitosan-sodium hypophosphite system for effecting concurrent dyeing and finishing. Colourage, 46, 21.

Enescu, D. (2008). Use of chitosan in surface modification of textile materials. Roumanian Biotechnological Letters, 13(6), 4037.

Eom, S. I. (2001). Using chitosan as an antistatic finish for polyester fabric. AATCC Review, 1(3), 57.

Fu, G. , Vary, P. S. , & Lin, C. -T. (2005). Anatase TiO_2 Nanocomposites for Antimicrobial Coatings. Journal of Physical Chemistry B, 109(18), 8889.

Fung, W. , & Hardcastle, M. (2001). Textiles in automation engineering (p. 120). England: Woodhead Publications.

Gao, Y. , & Cranston, R. (2008). Recent advances in antimicrobial treatments of textiles. Textile

Research Journal,78(1),60.

Gaurav,K. (2005). Antimicrobial for textiles. Colourage,52(9),94.

Giri Dev, V. R. , Neelkandan, R. , Sudha, N. , Shamugasundaram, O. L. , & Nadaraj, R. N. (2005). A material with wider applications. Textile Magazine,83.

Gokarneshan,N,Gopalakrishnan,P. P. ,& Jeyanthi,B. (2012). Influence of various nano fini-shes on antibacterial properties of fabrics. ISRN Nanomaterials,1-8.

Gokarneshan,N. ,Gopalakrishnan,P. P. ,& Jeyanthi,B. (2013). Nano finishing of textiles. New Delhi:Abhishek Publications.

Gorensek,M. , & Recel, P. (2007). Nanosilver functionalized cotton fabric. Textile Research Journal,77(3),138.

Harish Prashant,K. V. ,& Tharanathan,R. N. (2007). Chitin/chitosan: modifications and their unlimited application potential—an overview. Trends in Food Science and Technology, 18 (3),117.

Harrocks,A. R. ,& Anand,A. (2000). Handbook of technical textiles (pp. 18,192). England: Woodhead Publications.

Hasebe,Y. (2001). AATCC Review,1(11),23.

Hasebe,Y. ,Kuwahara,K. ,& Tokunaga,S. (2001). AATCC Review—American Association of Textile Chemists and Colorists,1,23.

Hatiboglu,B. (2006). Mechanical properties of individual polymeric micro and nano fibers using atomic force microscopy (AFM) . Ph. D. Dissertation, North Carolina. Available from www. lib. ncsu. edu/theses/available/etd-07062006-135651/unrestricted/etd. pdf

Hirano,S. (2003). Ullmann's encyclopedia of industrial chemistry (Vol. 7,p. 679). Weinheim, Germany: Wiley-VCH.

Holme,I. (2002). Microencapsulation of herbal extracts for microbial resistance in cotton fab-rics. Textile Magazine,4,13.

Hu,J. ,Meng,H. ,Li,G. ,& Ibekwe,S. I. (2012). Smart Materials and Structures,21(5),23.

Huang,K. -S. ,Sheu,Y. -R. ,& Chao,I. -C. (2009). Preparation and properties of nanochi-tosan. Polymer-Plastics Technology and Engineering,48(12),1239.

Huang,W. ,Xing,Y. ,Yu,Y. ,Shang,S. ,& Dai,J. (2011). Enhanced washing durability of hy-drophobic coating on cellulose fabric using polycarboxylic acids. Applied Surface Science, 257,4443.

Huanga,Z. M. ,Zhangb,Y. Z. ,Kotakic,M. ,& Ramakrishnab,S. (2003). A review on polymer nanofibers by electrospinning and their applications in nanocomposites. Composites Science and Technology,63(1),2223-2253.

Inamdar,M. S. ,& Chattopadhyay,D. P. (2006). Chitosan and its versatile applications in textile processing. Man Made Textiles in India,49(6),212.

Jocic,D. ,Tourrette,A. ,Glampedaki,P. ,& Warmoeskerken,M. M. C. G. (2009). Application of temperature and pH responsive micro hydrogels for functional finishing of cotton fabric. Materials Technology：Advanced Performance Materials,24,14-23.

Kantouch,A. ,& El-Sayed,A. A. (2008). Polyvinyl pyridine metal complex as permanent antimicrobial finishing for viscose fabric. International Journal of Biological Macromolecules,43,451.

Kantouch,A. ,El-Sayed,A. A. ,Salama,M. ,El-Kheir,A. A. ,& Mowafi,S. (2013). Salicylic acid and some of its derivatives as antibacterial agents for viscose fabric. International Journal of Biological Macromolecules,62,603.

Kean,T. ,Roth,S. ,& Thanou,M. (2005). Trimethylated chitosans as non-viral gene delivery vectors：cytotoxicity and transfection efficiency. Journal of Controlled Release,103(3),643.

Ki,H. Y. ,Kim,J. H. ,Kwon,S. C. ,& Jeong,S. H. (2007). A study on multifunctional wool textiles treated withnano-sized silver. Journal of Materials Science,42,8020.

Kittinaovarut,S. (1998a). Polymerization-crosslinking fabric finishing,with pad-dry-cure,using nonformaldehyde BTCA/IA/AA combinations to impart durable press properties in cotton fabric. In Near environments. Radford：Radford University.

Kittinaovarut,S. (1998b). Cure,using nonformaldehyde BTCA/IA/AA combinations to impart durable press properties. In Cotton fabric. Radford：Radford University.

Knittel,D. ,& Schollmeyer,E. (2002). Permanent finishing of cotton with ionic carbohydrates and analysis of thin layers obtained. Melliand Textilber,83,15.

Kundu, B. C. (1956). Jute—world's foremost bast fibre. Botany, agronomy, diseases and pests. Economic Botany,10,103.

Lachapelle,J. M. ,& Maibach,H. I. (2009). Patch testing and prick testing：A practical guide of ficial publication of the ICDRG. Berlin,Germany：Springer,60.

Ladhari,N. ,Baouab,M. ,Ben Dekhil,A. ,Bakhrouf,A. ,& Niquette,P. (2007). Antibacterial activity of quaternary ammonium salt grafted cotton. Journal of the Textile Institute,98,209.

Lakshmanan, A. , Debnath, S. , & Sengupta, S. (2014). Effect of nano-polysiloxane based finishing on handle properties of jute blended fabric, Indian Journal of Fibres and Textile Research, 39, 425.

Lee, K. W. , Chung, Y. S. , & Kim, J. P. (2001). Effect of ultrasonic on disperse dye particle size. Textile Research Journal, 71(5), 395.

Lee, H. J. , & Jeong, S. H. (2005). Bacteriostasis and skin innoxiousness of nanosize silver colloids on textile fabrics. Textile Research Journal, 75(7), 551.

Lee, K. W. , & Kim, J. P. (2001). Effect of ultrasonic on disperse dye particle size. Textile Research Journal, 71(5), 395.

Leslie, W. C. M. (1994). Textile printing (2nd ed. , pp. 174, 175). London, UK: Society of Dyers & Colorist.

Li, Q. , Chen, S. L. , & Jiang, W. C. (2007). Durability of nano ZnO antibacterial cotton fabric to sweat. Journal of Applied Polymer Science, 103(1), 412.

Liu, J. -K. , Yang, X. -H. , & Tian, X. -G. (2008). Preparation of silver/hydroxyapatite nanocomposite spheres. Powder Technology, 184(1), 21.

Lopez-Leon, T. , Carvalho, E. L. S. , Seijo, B. , Ortega-Vinuesa, J. L. , & Bastos-Gonzalez, D. (2005). Physicochemical characterization of chitosan nanoparticles: electrokinetic and stability behavior. Journal of Colloid and Interface Science, 283(2), 344.

Loretz, B. , & Bernkop, S. (2006). In vitro evaluation of chitosan-EDTA conjugate polyplexes as a nanoparticulate gene delivery system. AAPS Journal, 8(4), 756-764. (Art. no. 85).

Matsukuma, D. , Yamamoto, K. , & Aoyagi, T. (2006). Stimuli-responsive properties of N-isopropylacrylamide-based ultrathin hydrogel films prepared by photo-cross-linking. Langmuir, 22(13), 5911.

Mekewi, M. , El-Sayed, A. A. , Amin, M. , & Said, H. I. (2012). Imparting permanent antimicrobial onto viscose and acrylic fabrics. International Journal of Biological Macromolecules, 50, 1055.

Montazer, M. , & Afjeh, M. G. (2007). Simultaneous X-linking and antimicrobial finishing of cotton fabric. Journal of Applied Polymer Science, 103(1), 178-185.

Muzzarelli, R. A. A. (1996). Chitin chemistry. In J. C. Salamone (Ed.), The polymeric materials encyclopedia(pp. 312-314). Boca Raton, FL, USA. CRC Press Inc.

Nahed, S. E. A. , & El-Shishtawy, R. M. (2010). Journal of Material Science, 45, 1143.

Nakashima,T. ,Sakagami,Y. ,Ito,H. ,& Matsuo,M. (2001). Textile Research Journal,71,688.

Natarajan,V. (2002). Azadirachta indica in the treatment of dermatophytosis. Journal of Ecobiology,14(3),201.

No,H. K. ,& Meyers,S. P. (1995). Preparation and characterization of chitin and chitosan: a review. Journal of Aquatic Food Product Technology,4(2),27.

Okay,O. (2010). General properties of hydrogels. In G. Gerlach & K. −F. Arndt (Eds.),Hydrogel sensors and actuators(pp. 1−14). Berlin: Springer.

Oktem,T. (2003). Surface treatment of cotton fabrics with chitosan. Coloration Technology,119(4),241.

Osman,H. ,& Khairy,M. (2013). Optimization of polyester printing with disperse dye nanoparticles. Indian Journal of Fibres and Textile Research,38,202.

Parikh,D. ,Fink,T. ,Rajasekharan,K. ,Sachinvala,N. ,Sawhney,A. ,Calamari,T. (2005). Comparative study of synergistic effects of antibiotics with triangular shaped silver nanoparticles,synthesized using UV−light irradiation,on Staphylococcus aureus and Pseudomonas aeruginosa. Textile Research Journal,75,134.

Parthasarathi,V. (2008). Nano technology adds value to textile finishing. Available from www. indiantextilejournal. com/articles,February 20,2008.

Patel,J. K. ,& Jivani,N. P. (2009). Chitosan based nanoparticles in drug delivery. International Journal of Pharmaceutical Sciences Nanotechnology,2(2),517.

Perelshtein,I. ,Applerot,G. ,Perkas,N. ,Guibert,G. ,Mikhailov,S. ,& Gedanken,A. (2008).

Sonochemical coating of silver nanoparticles on textile fabrics (nylon,polyester and cotton)and their antibacterial activity. Nanotechnology,19,245705.

Pujari,M. M. ,Kulkarni,M. S. ,& Kadole,P. V. (2010). Bombay to Goa Journey of the denim. Textile Review,5(11),7−9.

Ren,X. ,Kou,L. ,Kocer,H. B. ,Zhu,C. ,Worley,S. ,Broughton,R. ,et al. (2008). Colloids and Surfaces A: Physicochemical and Engineering Aspects,317,711.

Rowell,R. M. ,Stout,H. P. (1998). Jute and kenaf. In M. Lewin & E. M. Pearce (Eds.),Handbook of fiber chemistry (pp. 465−504). New York: Marcel Dekker.

Roy,D. ,Cambre,J. N. ,& Sumerlin,B. S. (2010). Future perspectives and recent advances in stimusli−responsive materials. Progress in Polymer Science,35(1−2),278.

Salama,M. ,Bendak,A. ,& Moller,M. (2011). Industria Textila,62,320.

Saligram, A. N. , Shukla, S. R. , & Mathur, M. (1993). Physico chemical aspects of textile color-ation. Journal of Society of Dyers and Colorists, 109, 263.

Sanjay Vishwakarma, Text Rev, November (2010) 13.

Sathianarayanan, M. P. , Bhat, M. V. , Kokale, S. S. , & Walunj, V. E. (2011). Indian Journal of Fibre & Textile Research, 36, 234.

Saville, B. P. (1999). The physical testing of textiles. London: Woodhead Publication Limited.

Schindler, W. D. , & Hauser, P. J. (2004). Chemical finishing of textiles (p. 51). Cambridge, England: Woodhead Publishing Limited.

Shilpa, U. N. (2004). Journal of Text Association, 65, 219.

Shin, Y. , Yoo, D. I. , & Min, K. (1999). Durable antibacterial finish on cotton fabric by using chitosan−based polymeric core−shell particles. Journal of Applied Polymer Science, 74, 2911.

Srikanth, S. (2010). Apparel Views, 60.

Steele, R. (1962). Some fabric properties and their relation to crease proofing effects. Journal of the Textile Institute, 53(1), 7.

Subhash, A. , & Sarkar Ajoy, K. (2010). Colourage, 57, 57.

Sumithra, M. , & Vasugi Raaja, N. (2012). Micro−encapsulation and nano−encapsulation of den-im Fabrics with herbal extracts. Indian Journal of Fibres and Textile Research, 37, 321.

Tan, E. P. S. , & Lim, C. T. (2006). Mechanical characterization ofnanofibers—A re-view. Composites Science and Technology, 66(1), 1102−1111.

Tatiana, L. , Jose, N. , & Fernando, O. (2008). Proceedings of 4th International Textile, Clothing & Design Conference—Magic World of Textiles, Dubrovnik, Croatia, December 2008.

Thies, C. (2005). Microencapsulation (4th ed. , pp. 628−651). New York: Wiley.

Thilagavathi, G. , Bala, S. K. , & Kannaian, T. (2007). Microencapsulation of herbal extracts for microbial resistance in healthcare textiles. Indian Journal of Fibre & Textile Research, 32, 351.

Tiwari, S. K. , & Gharia, M. M. (2003). Characterization of chitosan pastes and their application in textile printing. AATCC Review, 3(4), 17.

Tong, Y. , Tian, M. , Xu, R. , Hu, W. , Yu, L. , & Zhang, L. (2003). Fuhe Cailiao Xuebao (Acta Materiae Compositae Sinica (China), 20, 88.

Trapani, A. , Sitterberg, J. , Bakowsky, U. , & Kissel, T. (2009). The potential of glycol chitosan nanoparticles as carrier for low water soluble drugs. International Journal of Pharmaceutics,

375,97.

Wong,Y. W. H. ,Yuen,C. W. M. ,Leung,M. Y. S. ,Ku,S. K. A. ,& Lam,H. L. I. (2006a). AU-TEX Research Journal,6(1),1−8.

Wong,Y. ,Yuen,C. ,Leung,M. ,Ku,S. ,& Lam,H. (2006b). Selected applications of nano technology in textiles. AUTEX Research Journal,6,1.

Yang,J. M. ,Lin,H. T. ,Wu,T. H. ,& Chen,C. C. (2003). Wettability and antibacterial assessment of chitosan containing radiation−induced graft nonwoven fabric of polypropylene−g−acrylic acid. Journal of Applied Polymer Science,90,1331.

Yeo,S. Y. ,Lee,H. J. ,& Jeong,S. H. (2003). Antibacterial effect of nanosized silver colloidal solution on textile fabrics. Journal Materials Science,38(10),2199−2204.

Zhang,Z. ,Chen,L. ,Ji,J. ,Huang,V. ,& Chen,D. (2003). Antibacterial properties of cotton fabrics treated with chitosan. Textile Research Journal,73(12),1103.

Zhang,H. ,Wu,S. ,Tao,Y. ,Zang,L. ,& Su,Z. (2010). Preparation and in vitro characterization of chitosan nanoparticles. Journal of Nanomaterials,151(2),458−465.

第2章　纳米化学品在纺织工业废水处理中的应用

P. Senthil Kumar, Abishek S. Narayan, Abhishek Dutta

摘要：纺织工业涉及各种织物的设计和生产，整个生产过程由一系列工序交织在一起，最终生产出织物。尤其是染整加工工序需要消耗大量的水，从而产生大量的废水。色素、可溶性固体、有毒重金属、残余氯和其他不可降解有机物是纺织工业废水中的主要污染物。纳米技术的进步使人们能够探索纳米化学品在纺织工业废水处理中的应用。纳米化学品通过化学氧化、消毒和光催化等方法对废水中的污染物和病原体进行去除，具有理想的效果。本章讨论了纺织工业废水中存在的各种污染物及其来源、现行排放标准和纳米化学品在废水处理中的应用。

关键词：纺织工业；废水处理技术；新型纺织废水处理；杂质去除；纳米化学品

2.1　引言

纺织工业涉及诸如棉、麻、毛和丝等纺织纤维的设计和生产。这一产业在满足社会基本需求方面发挥着至关重要的作用。从经济角度来看，纺织工业也很重要，可以提供就业机会和高工业产出。特别是发展中国家，纺织工业对经济的贡献较大。

纺织工业涉及一系列加工过程。它可以是建立在农村地区具有国内价值的小规模家庭手工业和经济产出较低的纺织机械，也可以是涉及染色和设计的大规模工业。当今现代化的工厂已使用统一的纺织设备，将不同的原料，如棉花和丝绸转换成各种不同的产品，甚至已应用具有领先技术的梳理机和并条机。

纺织工业的基本功能是将各种纤维转化为纱线，进而转化为织物和其他产品。后序是染色和精加工过程，可以在生产的各个阶段进行，也可以在最后阶段单独进行。

在纺织纤维的加工阶段，纺织工序通过添加染料、辅助化学品和上浆材料等赋予织物所需的性能。在整个印染过程中，大量的水被用来润湿纤维和溶解染料。这些废水的排放，造成了严重的水污染。释放出来的水含有大量有毒化学物质，因此需要进行处理才可排放。废水处理通常需要经过一级、二级和三级阶段。然而，这些处理方法并不能去除全部有毒物质，如可溶性固体和微量金属。须采用更先进的技术来处理纺织工业废水。目前，人们正在研究如何利用纳米材料处理纺织工业废水。其中包括利用纳米化学物质进行光催化，用纳米吸附剂进行吸附，用沸石进行污染物去除。此外，也可采用几种处理技术相结合的方式，形成零液体排放过程，以净化和回收工艺过程中产生的废水。

2.2 纺织工业概况

纺织工业可以根据加工的原料分为不同的行业，棉花行业、毛纺行业、化纤行业等。这些行业包括一系列复杂的生产过程，如图 2.1 所示。其中主要的工艺是纺织和印染工艺。工艺过程涉及预处理、染色、印花过程及后整理。

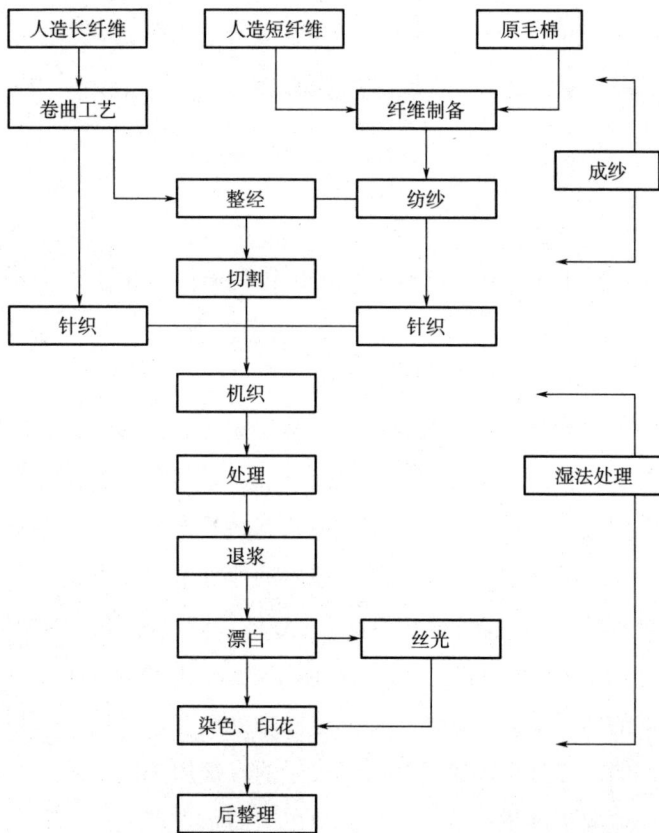

图 2.1 纺织工艺流程图（Babu et al.，2007）

预处理包括清洗、退浆、煮练和其他过程进行的，这些过程需要使用大量的水。染色是将所需要的颜色转移到织物上，从而转变为有色织物。在染色过程中，染料需先溶解于水中，用一种染料溶液来染色的，染料则悬浮在水中。印花是用染料或颜料在织物上施印花纹。印刷则是用一种浓稠的浆糊来进行染色。在染色或印花后，对织物进行整理是很重要的。整理过程是必要的，以赋予织物特定的强度，柔软性和耐久性。

整理过程中需要使用几种整理剂进行软化，在织物内部产生交联和防水。所有这些过程都需要一定量的水，因此会导致有害化学物质和毒素释放到废水中，基本上需要有效的水处理。在某些情况下，丝光、碱还原工序须在染色和印花前进行。

漂白是指在染色或印花前去除织物上不希望出现的颜色。漂白常用的有三种主要的化学方法，即亚氯酸钠、次氯酸钠或过氧化氢漂白，前两种方法是较常见的。因为织物易于吸附，漂白剂常与水一起与织物反应。然而，二氧化氯是一种强氧化剂，具有腐蚀性，在自然界中危害极大。因此，适当地处理和处置这些废水是非常必要的。

2.3　主要污染物

纺织工业的不同工序会导致各种有害污染物排放到水中，对人体有很大危害。为了确保正确地去除和采用正确的处理方法，了解这些污染物的性质是很重要的（Tufekci et al.，2007）。主要污染物是有机化学物质，如偶氮染料、纸浆、胶质、纤维素、半纤维素和碱。印染过程中产生的水占总耗水量的50%以上（Saxena et al.，2011）。

聚酯纤维的预处理是通过聚酯纤维和8%的氢氧化钠在90℃下进行45min的减量反应完成的，这将导致纤维分解成对苯二甲酸和乙二醇。由此产生的废水的化学需氧量约占印染工艺废水的60%，但仅占总排放量的5%（Razzak，2014）。

铬是废水中另一种引起广泛关注的污染物。铬通常用作羊毛工业的催化剂或铬染料，或来自用于鞣制的重铬酸钾。根据染料的类型和所采用的工艺，铬的含量比以前增大200~500倍，这是由于染色速率在工艺结束后下降导致的（Wang et al.，2011）。

pH 是印染废水中需要考虑的另一个因素。在印染前的煮练、退浆、丝光等工序中，经 90℃碱处理后出水的 pH 为 10~11。如前所述，聚酯纤维的碱减量使用氢氧化钠，其 pH 在 10~11 之间（Menezes et al.，2011）。因此，印染废水的性质通常是碱性的，调节印染废水的 pH 是处理的第一步。

氨和尿素中的氮也是主要的污染物和有害物质。蜡染和其他复杂的工艺中会使用尿素。尿素中总氮含量为 300mg/L，很难处理。磷也存在于废水中，这些废水通常来自含磷洗涤剂和用作缓冲的磷酸一钠。磷会导致水体迅速富营养化，因此必须加以控制。硫化物主要来自用于硫化染料，它由于价格低廉而备受青睐。但硫是有剧毒的，许多发达国家已禁止在染整加工中使用硫。

纺织工艺流程中产生的污染见表 2.1。

表 2.1　纺织工艺中产生的污染（Wang et al.，2011）

工艺流程	污染
退浆	浆液，酶，淀粉，蜡，氨
煮练	消毒剂和杀虫剂残留物，NaOH，皂液，表面活性剂，油剂，蜡，果胶，油脂，废溶剂
漂白	H_2O_2，硅酸钠或有机稳定剂，高 pH
丝光	高 pH，NaOH
染色	颜色，金属，盐，表面活性剂，有机染料，硫化物，酸度，碱度，甲醛
印花	尿素，溶剂，色素，金属
后整理	树脂，蜡，氯化物，醋酸盐，硬脂酸盐，废溶剂，柔软剂

2.3.1　颜色/染料

印染废水中色素的存在是纺织工业面临的主要问题之一。染料的颜色来自染料中的发色团。即使在很低的染液浓度下，肉眼也能很容易地看到水中的颜色。因此纺织废料中的色素具有重要的研究价值。大多数染料是稳定的，即使在光或臭氧的作用下也不能降解。另一个值得关注的原因是，传统的处理方法并不能完全降解染料。因此，从废水中去除染料残留仍然是大多数纺织工业的主要问题。苯胺是一种有机化合物,来源于染料。刚果红、氨基或偶氮基染料等结构中含有苯环,导致废水中的碳环和偶氮基增加,很难降解。

2.3.2 溶解和悬浮固体

纺织工业废水中一个必须检验的关键参数是废水的溶解固体量。盐和芒硝常用于纺织工业染料的回收,导致废水的总溶解固体(TDS)迅速增加。然而,就像染料一样,传统的处理系统很难处理 TDS。污水中 TDS 的存在会导致地表水和地下水源 TDS 的增加,这种污染对人类来说可能是灾难性的,因为地下水和地表水是人类消费的对象。废水中的溶解固体也可能对作物有害,从而限制了农业用水。

生产过程中悬浮物的来源包括未分解的原料,如纤维素、纸浆和纤维废料。它们可以用适当的机械分离方法除去。因此,二级沉淀池出口含有大量悬浮固体。

2.3.3 有毒金属

纺织工业排出的污水含有金属离子。金属离子有两个主要来源。一是,在碱还原或漂白过程中使用的化学品如烧碱、碳酸和其他盐类中的金属会作为杂质进入废水。例如,如果使用汞电池工艺(生产氢氧化钠)生产苛性钠,则汞可能作为杂质存在于苛性钠中。二是,金属的来源可能来自染料本身,即金属化染料。大多数金属络合染料都含有铬基,如前所述,铬很容易从制革工业中被带入废水中。

2.3.4 氯

在纺织加工过程中,会使用次氯酸钠等多种含氯化合物对织物进行漂白,导致废水中出现余氯。这种含氯废水如果不经处理而排放到环境中,会导致水体溶解氧的减少,并对海洋生物产生不利影响。废水中的氯还可与水中的其他物质发生反应,产生有害和有毒物质。

2.3.5 难降解材料

纺织废水常被难降解的有机材料所污染，也被称为难降解材料，如洗涤剂。这些难降解材料的存在反过来又增加了排放废水的化学需氧量（COD）。其他有机污染物，如施胶材料，酸和酶也存在于废水中。废水中这些污染物的水平是通过使用适当的生物处理工艺来控制的。

2.4 排放标准

2.4.1 印度纺织工业废水排放标准

每个国家的污染控制委员会都为每个行业制定了一套排放标准。在印度，环境和森林部的中央污染控制委员会（CPCB）为各种工业制定了排放标准，其中棉纺织工业废水排放标准（1986年）见表2.2。

表2.2 印度棉纺织工业废水排放标准

	pH	5.5~9
常用参数	悬浮固体/（mg·L⁻¹）	100
	生化需氧量（BOD）[27℃，3天]/（mg·L⁻¹）	150
	油脂/（mg·L⁻¹）	10
	生物测定/（mg·L⁻¹）	96h后鱼的成活率达90%
特殊参数	总铬（Cr）/（mg·L⁻¹）	2
	硫化物（如S）/（mg·L⁻¹）	2
	酚类化合物（如 C_4H_2OH）/（mg·L⁻¹）	5

按规定工厂所排放的污水必须符合这些标准，而所采取的处理方法必须围绕这些标准展开。排入印度内陆地表水的工商业污水标准见表2.3。

表 2.3　印度工商业污水排放标准

参数	废水标准
pH	5.5~90
总悬浮固体	≤100mg/L
BOD	≤30mg/L
化学需氧量（COD）	≤250mg/L
总余氯	≤1mg/L
油脂	≤10mg/L
总铬	≤2mg/L
硫化物	≤2mg/L
酚类化合物（如 C_6H_5OH）	≤1mg/L

注　资源来源《向内陆地表水排放工业废水的源标准》（2015 年）。

2.4.2　德国纺织工业废水排放标准

德国纺织工业废水中各项污染物的排放标准见表 2.4。

表 2.4　德国纺织工业废水排放标准（Wang et al.，2011）

参数	排放浓度限值/（mg·L^{-1}）
COD	160
BOD	25
TP	2
TN	20
NH_3	10
亚硝酸盐	1

2.4.3 美国纺织工业废水排放标准

美国国家环境保护局采用最佳实用控制技术（BPT）公布污水排放规定，详见表 2.5。

表 2.5　美国纺织工业废水排放标准（Wang et al.，2011）

参数	最大负荷/（kg织物·t^{-1}）
BOD$_5$	22.4
COD	163
总悬浮固体（TSS）	35.2
S	0.28
苯酚	0.14
pH	6.0~9.0

2.5　常规废水处理方法

纺织印染废水中含有大量有机物，其中大部分难以降解。纺织工业排放出来的污水具有较高的 BOD 和 COD 含量，可能危害水生生物的生存安全，进一步危害人体健康。例如，带颜色的水会降低光的射入量，会抑制生命的生长，而磷的存在可加速水资源富营养化。为了检测这些有毒化学物质在排放废水中的不良影响，应用合适的纺织废水处理方法十分重要。

常规废水处理技术包括物理化学处理法、生物处理法等。

2.5.1　物理化学处理法

2.5.1.1　筛滤

废水处理涉及一系列单元过程，其中一些过程是物理、化学和生物性的。一个行业在不同时间从不同的地点排放不同的废水。因此，处理废水的第一步是混合和平衡这些废水。有些工业在混合各种废水之前通常采用筛分工艺和除油工艺。筛分包括使用适当大小的筛网和筛子来阻挡粗粒和未溶解的大颗粒物质或碎片。隔油池具有相同的功能，但其目的是分离和清除油类和油脂。

2.5.1.2　均衡

均衡是为了保证废水 pH、污染负荷和温度的均匀分布，它是通过空气搅拌或机械混合来进行的。这有助于在条件保持不变的情况下，修复一个分离过程。这种水力滞留时间大约需要 8h。

2.5.1.3　浮选

均衡之后是浮选过程。在这个过程中，由于微气泡的产生，形成液体、气体和固体三相。压缩空气通常通过混合物进入，由于表面张力、上升的气泡静水压力的浮力，使较小的颗粒附着在混合物上。由于与水相比气泡密度更低，就会慢慢上升，从而去除细小的纤维和油粒子。

2.5.1.4　混凝、絮凝及沉降

在上述过程完成后，凝固化学物质，如明矾、硫酸亚铁、氯化铁和石灰加入反应环境中，这个过程称为闪速混合。沉降和浮选过程中未分离的胶体颗粒会在此过程中被分离。胶体颗粒通常带有正电荷或负电荷，而凝结剂的加入使带电荷的胶体暴露于带相反电荷的介质中，由于密度的增加而导致凝固和进一步沉淀。絮凝体（集合体）的形成进一步增大了密度，并有助于迅速沉降。

然后通过絮凝器处理这种混合物，并在沉淀池中沉淀以进一步分离凝固的物质。澄清絮凝器通过一定量的吸附来帮助清除污泥。选择合适的混凝剂取决于均衡处理后废水中污染物的种类。凝结或絮凝有助于去除悬浮物，在一定程度上也有助于去除排放出口蒸汽中的颜色。它们还有助于降低 BOD 和 COD（Verma et al.，2012）。

2.5.2　生物处理法

生物处理有助于去除溶解的物质，比物理化学处理更有效。有机负荷与反应池中生物量的比值、反应器温度和氧浓度决定了脱除效率。通气会导致悬浮效应，但重要的是要确保不要达到能够破絮凝物的混合能，因为它会抑制沉降。

生物量浓度通常在 2500～4500mg/L 之间，氧含量在 2mg/L 左右。按照微生物的需氧情况，可分为好氧生物处理和厌氧生物处理。与厌氧处理方法相比，好氧生

物处理具有更高的效率和更广泛的应用（Rai et al.，2005）。

2.5.2.1　好氧生物处理

根据细菌对氧气的需求，可以把它们分为不同的种类。这些包括好氧、厌氧和兼性细菌。顾名思义，好氧生物处理采用好氧细菌和一些兼性细菌。好氧生物处理通常有两种类型：活性污泥法和生物膜法。

（1）活性污泥法。活性污泥是由多种微生物的聚合混合物组成，并具有分解和吸附有机物的能力（Pala 和 Tokat，2002）。一旦形成了活性污泥，就可以将其除去，并进一步净化剩余的水。氧化沟法和 SBR 污水处理工艺法是活性污泥法的两种类型。

①氧化沟工艺。氧化沟工艺是最早在荷兰发展起来的一种活性污泥法处理工艺。氧化沟工艺的组成部分包括曝气设备、进出水净化设备和混合设备。沟渠可以是不同的形状，其中包括环形结构、L 形、矩形或圆形。废水活性污泥法和各种微生物在一个连续的环形沟中混合。这样就完成了废水的硝化、反硝化作用。氧化沟类似于自然界中一个充填式、完全混合式的氧化池。

氧化沟工艺具有水力滞留时间长、污泥龄长、有机负荷低、净化程度高、可靠性高、维护方便、抗冲击能力强、稳定性好、投资少、操作管理方便、能耗低等优点。氧化沟工艺由于形成了离散的好氧区、缺氧区和厌氧区，可以有效地进行反硝化作用。

②SBR 污水处理工艺。该工艺可以去除出水中的 COD 和色素。该工艺具有良好的冲击载荷，能承受较好的有机质含量和储水能力。此外，每个阶段的总停留时间、运行时间和燃气供应可以根据进出水量进行调整。原水含有大量的有机物，为细菌的生长提供了良好的条件。

与传统的活性污泥法相比，活性污泥法的污泥产量较低，该工艺还具有加工设备少、结构要求简单、操作方便等优点。

（2）生物膜法。在这个过程中，各种微生物附着在一个单一的载体上，当废水流经这个表面时通过接触得到净化。生物膜法可进一步分为三大类：生物流化床、生物接触氧化和旋转生物接触器。

①生物流化床。生物流化床法又称悬浮载体生物膜法（Chaohai et al.，1998）。这是一种新型高效的污水处理工艺，采用现代流化技术，其原理是保持整个系统处于流化状态，从而提高固液颗粒的接触时间和接触面积。通常用作载体或填充物的

物质包括砂、活性炭、炭疽或其他颗粒等含碳物质。这些粒子的直径需要小于 1mm。

废水的脉冲电压通过载体，导致载体颗粒的流化，进而导致这些颗粒上生物膜的形成。载体颗粒尺寸越小，表面积越大（优选面积在 $2000 \sim 3000 m^2/m^3$ 之间），进而可以容纳更多生物质。该工艺的处理效率是常规工艺的 $20 \sim 30$ 倍，可用于纺织工业高浓度有机废水的处理。

②生物接触氧化。生物接触氧化是一种主要用于处理印染废水的工艺（Guosheng，2000）。填料设置在曝气池中，其设置与活性污泥处理相似。池内的填料上形成生物膜，池内废水含有一定量的活性污泥。好氧微生物存在于生物膜中，当它们相互接触时，这些微生物会降解废水中的有机物。

③旋转生物接触器。旋转生物接触器是一种以传统生物过滤器为模型的废水处理工艺（Abraham et al.，2003）。它由一系列圆盘组成，这些圆盘通常由塑料或玻璃盘子等低重量材料构成。所用圆盘的直径从 1m 到 3m 不等。圆盘的构造使得圆盘区域的一半暴露在空气中，而另一半淹没在提供的废水中。旋转装置使圆盘在水平轴上缓慢旋转，从而使连续旋转运动的废水完全混合。当阀瓣暴露在废水中时，废水中的微生物在阀瓣上形成生物膜。当同一圆盘暴露于空气中时，生物膜与氧气接触并被吸附。微生物利用酶对废水中的有机物进行氧化降解，同时释放代谢产物。因此，采用吸附—氧化—氧化分解连续处理废水。

该旋转生物接触器具有良好的节能、耐高冲击负荷、产生污泥少、易于维护和管理、噪声小等优点。这种设备的缺点包括占地面积大和需要定期维护。影响 RBC 性能的主要参数有转速、废水停留时间、圆盘浸入面积和温度。

2.5.2.2　厌氧生物处理

厌氧生物处理工艺是在无氧条件下进行的。厌氧细菌被用来在厌氧条件下降解有机物。该工艺已用于处理高浓度和低浓度的有机废水，如纺织印染废水（Delée et al.，1998）。纺织工业排出的污水含有有机物，有机物含量高达 1000mg/L。高浓度废水通常采用厌氧生物处理，而低有机物废水一般采用好氧处理。

目前应用最广泛的厌氧生物处理工艺是水解酸化工艺。在这个过程中，厌氧和兼性细菌将废水中存在的可生物降解的有机物分解成小分子的有机物。该原理可用于染料废水中染料分子的有色基团的生物降解。这些细菌释放的酸也可以用来降低纺织废水的碱度，从而使水更适合海洋生物生存。其他用于处理纺织工业废水的工艺包括上流式厌氧流化床（UABF）、上流式厌氧污泥床反应器（UASB）和厌氧生物滤池。

2.6 先进废水处理方法

2.6.1 吸附

吸附是一种表面现象，可以用于去除废水中一定的有机物（Kumar et al.，2014；Oliveira et al.，2002）。类似氰化物和苯酚衍生物的化学物质可以通过这一方法被去除。其原理是因为它可以去除传统处理方法难以去除的化合物。经吸附剂处理后废水中的有机物被不断吸附。最为广泛的吸附剂是活性炭。活性炭通常是由石油产物或木材经处理后产生的。在有空气存在的条件下，这些材料燃烧产生一种焦炭，而这种碳化物在高温条件下进一步氧化形成一种多孔物质，即活性炭。活性炭的一个重要特征是其比表面积较大，这一点对吸附剂吸附有机物质很重要。活性炭一旦被耗尽，也就是说，当它所有的孔洞都被堵塞住时，则需要进行再生。再生通常是通过化学或热进行再生，最新的方法包括溶剂再生、电化学再生、微波诱导再生和超临界再生。一定的酸或化学物质也可以部分再生吸附剂，而这一过程导致所需的再生频繁发生（Lengand Pinto，1996）。在热再生的情况下，水泥浆中的废吸附剂（活性炭）被运输到再生单元。这个单元中，在炉子加热条件下吸附剂进行脱水以及在可控的条件下进行再加热（Dabrowski et al.，2004）。这一完整的过程不仅氧化了杂质，也导致了挥发性物质的挥发进而与吸附剂分离并伴随着孔容积的增大。为了除去多余的热量，热吸附剂用水淬火并移回塔内。该工艺比化学再生的效率高。其他材料，如黏土、二氧化硅和粉煤灰等也可用作吸附剂。

2.6.2 离子交换

离子交换法是另一种可以去除废水中无机盐、重金属和少量有机阴离子化合物的现代方法（Dabrowski et al.，2004）。盐通常是由来自碱的正离子和来自酸的负离子组成的离子化合物。在废水中含有可溶性离子的情况下，离子交换树脂或膜在电解液中具有交换出相应离子的能力。当阳离子交换器与电解质如氯化钙接触时，它可以将从电解质中解离出带正电的离子，如钙离子，然后再用可溶性离子，如钠离子进行代替。水中的硬度来源于钙和镁盐，这种方法可以降低废水中的硬度。离子交换树脂也可以由不同的化合物制成，如酚类化合物和磺化苯乙烯。

2.6.3　膜过滤

2.6.3.1　反渗透

反渗透遵循的原则是某些半透膜在本质上是有选择性的，只允许具有选择性的离子通过（Fritzmann et al.，2007）。常用的膜包括尼龙膜和醋酸纤维素等纤维素膜。待处理的废水以高压通过半透膜，如图 2.2 所示。

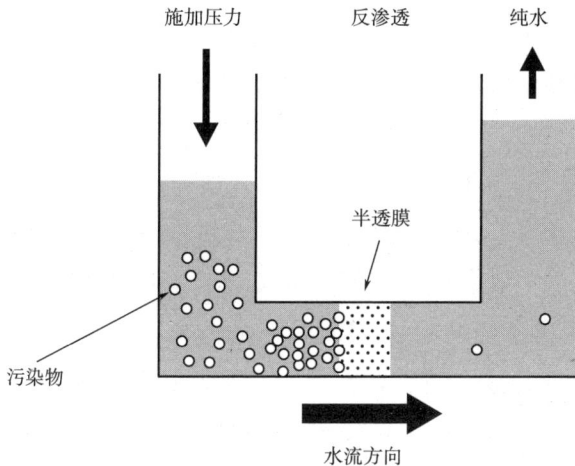

图 2.2　反渗透（Wayman，2015）

所施加的压力必须足够大，从而作为一个驱动力，克服流体的渗透压。当满足此条件时，水通过半透膜从废水处理室流入清水处理室。反渗透系统由一个预处理部分组成，废水通过这个部分时以机械分离的方法去除其中悬浮的固体，必要时也可以去除铁和镁等离子。这步十分重要，目的是确保这些悬浮固体和离子不会污染半透膜。经过预处理后，废水被加压送入反渗透室。当跨膜施加的压力大于渗透压时，在大气压力的条件下清水从废水流入清水室。反渗透可用于废水一级、二级和三级处理出水。反渗透模型包含螺旋缠绕系统、管状系统、中空纤维膜和圆盘组件。这一过程的主要缺点是存在有机物质、胶体和微生物对膜的污染。此外，硬度较大的成分（碳酸盐）在污水流中可以发生结垢，氯和臭氧可以氧化成膜，因此不可用于处理于废水。

2.6.3.2 超滤

超滤和反渗透均遵循相似的技术原则。这两种工艺的区别主要在于膜的截留性能。超滤膜的孔径较大，只能截留大分子和悬浮固体。而反渗透膜的孔径较小，可用于去除所有溶质，包括盐类。当盐和渗透水一起通过时，超滤膜上的渗透压差异可以忽略不计。这就需要为这一进程施加较小的压力（Babu et al.，2007）。超滤膜材料包含纤维素衍生物如醋酸纤维素、尼龙聚合物和其他惰性聚合物。这一材料也使得处理酸性或腐蚀性物质成为可能，而且不会像反渗透膜在处理过程中受到限制，因为反渗透膜会受到化学侵蚀。

2.6.3.3 纳滤膜

与反渗透操作相比当渗透水中的盐浓度不是主要因素时，纳滤可以用于废水处理（Nguyen et al.，2012）。导致水中硬度的成分是钙盐和镁盐，因此可以通过使用纳滤膜去除这些盐。它也可用于去除微生物，如细菌和病毒。纳滤膜适用于含有TDS的渗滤液以及含有COD的无色渗滤液同样可以适用。这是一种更具成本效益的方法。为了提高处理效率，废水的浊度和胶体含量应该较低。

当膜分离技术用于净化废水时，污染是一个主要问题（Jiraratanon et al.，2000）。废水中含有硅、钙、钡、铁、锶等可溶性元素，这些元素会沉积在膜表面进而堵塞膜的孔，这种现象称为膜污染。污水中的细菌会在温暖的环境条件下繁殖，也会造成膜的污染。还可能使得跨膜压差增大和通量减小，从而导致更高的输出。选择一定量的化学药剂可以消除有机物的沉积和沉淀，避免或减少结垢。防垢剂可用于去除矿物垢。用酸反冲洗可以减少污垢。

2.6.4 臭氧化

臭氧是已知的可商业化获得的最强的氧化剂之一，它可以用于消毒废水。臭氧氧化可以用来分解复杂大分子，如酚（Langlais et al.，1991）。氧化有机及无机物料、除臭、除色是臭氧在工业上的主要应用。自然条件下，臭氧是一种不稳定的气体；在正常情况下，它可以分解产生分子氧气和初生氧气。由于这种特性，臭氧必须在工业应用场所中生产。生产臭氧的方法有很多种，电晕放电法是目前使用最广泛的方法之一。臭氧生产装置通常由一系列电极组成。这些电极与安装在气密容器中的冷却装置相匹配。生产臭氧的源气体通常是空气或氧气。当这种气体通过两个电极之间的狭窄间隙就会分开，氧气就会转化为臭氧。臭氧生产装置释放的臭氧通过扩散管或涡轮混合器与臭氧接触盆中的废水接触，如图 2.3 所示。使用 2mg/L 的臭氧可以完全去除废水中的色素和污染物。处理后的水用沙子（沙过滤）进行最后的清洗。

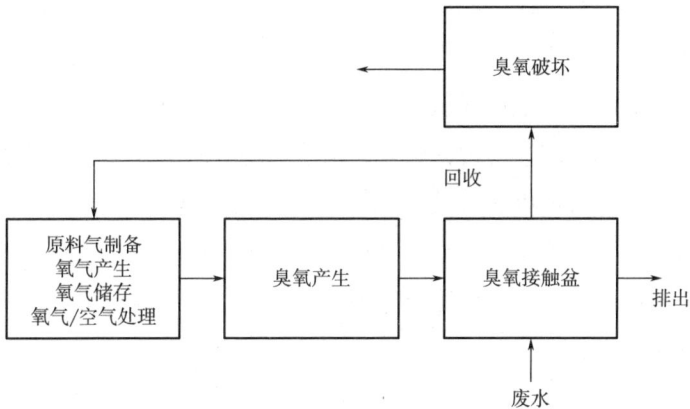

图 2.3　臭氧化处理

2.6.5　蒸发

2.6.5.1　多效蒸发

在蒸发过程中，废水在多效蒸发器中加热得到的提取浓缩物从一个蒸发器中被送入下一个蒸发器，同时清水被排出系统进行下一步的处理。新鲜的液体和蒸汽则被输送回第一个蒸发器。从第一级蒸发得到的蒸汽作为下一级的输入蒸汽。蒸汽和用过的蒸汽被收集在冷凝器中。蒸发器减少了输出物的体积，从而导致输出物中盐浓度的增加，这样一来，无论何时进行恢复，它们的可行性都更高。蒸发存在一个问题，废水中的钙盐和镁盐可以形成管壁上的水垢，导致传热速率降低，蒸发速率也随之降低。清除这些水垢则需要进行清洗。清洗可以分为化学和机械两种类型。化学方法包括酸处理，即沿着水垢倒酸，使其从管表面脱落。刻度刀是安装在柔性轴上的一种装置，柔性轴从管道顶部插入。这个装置反复上下移动，以除去整个管子长度上的刻度。一旦所有阶段的清洗完成，关闭蒸发器后，再检查是否泄漏，并用适当的密封方法封住漏洞。

2.6.5.2 机械蒸汽压缩

采用机械蒸汽压缩技术对废水进行浓缩。热交换器也可用作蒸发器或冷凝器。热量可以由蒸馏物同步发生的冷凝提供。潜热是在冷热水蒸发过程中进行交换。现存的压缩机通过热传递提供了分离溶液所需的能量。

2.6.6 结晶

结晶即从均匀的溶液中得到固态晶体，它是一种固液分离技术。结晶只有在溶液过饱和时才会发生。溶液的过饱和度是指溶剂的溶质浓度高于在该温度下溶解的溶质浓度。利用该方法可以从母液中回收盐类。结晶器分为单级和多级两种类型。通过结晶的方法可以去除废水中常见的化学物质包括硫酸钙、氯化钠、氯化钙和硫酸钠。因此，可以去除废水中可导致结垢的化学物质，同时也可以作为用于膜净化和蒸发废水的预处理方法。

2.6.7 零液体排放

零液体排放（ZLD）是一种现代分离技术，它可以产生固体（或近固体）废物流和纯化水流，可进一步处理或用于家庭应用（Dalan，2000）。反渗透和热法均可用于废水的浓缩以及纯水的形成。然而，由于反渗透更具成本效益从而得到了更广泛的应用（Heijmanetal，2009）。ZLD 由一系列废水处理技术组成，包括预处理的微滤技术、废液预浓缩的反渗透技术和多效蒸发器技术。主要目标是生产一条固体浓缩河流以供陆上处置以及一条相对清洁的河流供住宅或污水渠排放之用。这样可以保留一条清洁的污水流，不会产生任何待进一步处理的可溶性固体颗粒，也可使固体颗粒经过滤或浓缩后被送往合适的处置地点进行处理。

2.7 纳米技术在纺织废水处理中的应用

纳米科学是对纳米尺度材料进行研究的科学领域。与较大尺寸的纳米材料相比,较小尺寸的纳米材料对其性能具有很大的影响。纳米技术是纳米科学的一个应用，它涉及在纳米尺度上控制、整合和操纵各种原子和分子来形成不同的材 (Hornyak et al.，2008，2009)。纳米技术在应用科学领域的应用急剧增加，特别是在水净化领域，开辟了一种新的潜在替代方法，可以更为有效、更具成本效益地处理废水 (Baruah et al.，2012；Baruah et al.，2016) 纳米化学物质的一些关键性优势包括体积小、反应活性高、精度高，最重要的是，可采用对环境友好的技术进行生产，其中大多数技术具有潜在的成本效益。纳米化学物质在纺织工业废水处理方面上有光催化作用和纳米吸附剂两个应用前景

2.7.1　光催化

光催化是一个过程，可以定义为"在紫外线、可见光或红外线的作用下，在一种物质即光催化剂参与化学反应并吸收光的情况下，化学反应的速率或引发的变化" (McNaught et al.，1997)。它是一种用于降解废水中污染物的工艺。主要采用对光敏感的纳米结构催化剂介质。通常半导体材料是催化剂介质，该材料在吸收能量高于其带隙能量的光时产生电子空穴对。然后，电子空穴对与水发生反应，产生高度反应氧化和还原自由基，如超级氧化物、羟基离子或其他自由基。这些自由基再通过一些二次反应降解污染水中的任何有机/无机污染物分子。光催化是一种表面现象，其一般机理是一个复杂的过程，包括五个基本步骤 (Pirkaniemi et al.，2002)：

第一步，反应物扩散到催化剂表面；

第二步，反应物在催化剂表面吸附；

第三步，反应发生在催化剂表面；

第四步，从催化剂表面进行解吸产物；

第五步，产物从催化剂表面扩散开来。

纳米结构半导体材料具有较大的比表面积，这使得它们相比于体积较大的半导体材料具有更好的光催化性能。这种特性使得产生的电子和空穴可以在纳米光催化剂的表面获得，而不是在大部分材料中获得。理想的光催化剂应该具有以下特性：

(1) 高光活性；

(2) 生物和化学惰性；

(3) 光稳定性；

(4) 无毒性的；

（5）成本效益。

典型应用的纳米结构半导体光催化剂有氧化锌（ZnO）、二氧化钛（TiO$_2$）、硫化锌（ZnS）、氧化铁（Fe$_2$O$_3$）和硫化镉（CdS）。宽带隙半导体在太阳光谱的紫外区吸收光线。然而，使用高能量的紫外线光源来激发光化学反应并不是一个适用于所有情况下的经济有效的解决方案。因此，目前研究的重点是利用太阳光谱的可见光部分进行光催化实验。利用太阳光进行光催化的优点是太阳能是可免费并且可以大量获得的能源。光催化技术可用于处理纺织废水的一些关键领域包括：有机污染物、无机污染物和重金属。

2.7.1.1　去除有机污染物

光催化技术可广泛应用，将废水中的有害有机污染物分解为无害的副产物主要是二氧化碳和水等。光催化技术可以去除废水中的有机污染物包括羧酸、醇类、酚类衍生物和氯化芳香化合物（Bhatkhande et al.，2002；Mills et al.，1993）。染料是排放到废水中的主要污染物，因此必须进行处理，在这方面表现得较为成功的纳米光催化剂是半导体金属氧化物，如 TiO$_2$ 和 ZnO。此外，光催化还可以降解天然有机物，即腐殖物质。腐殖物质是天然产生的高分子量黄棕色的有机物质。在汞灯照射下可以观察到二氧化钛纳米颗粒使饮用水中的腐殖酸浓度降低几乎 50%（Eggins et al.，1997）。

2.7.1.2　去除无机污染物

无机污染物是指通过光催化反应有效分解的化学物质，如卤素离子、氰化物、硫氰酸盐、氨、硝酸盐和亚硝酸盐（Hoffmann et al.，1995；Mills et al.，1996）。利用二氧化钛纳米颗粒在模拟太阳光（AM1.5）（Serpone et al.，1987）的条件下光催化去除有毒的 Hg（Ⅱ）和 CH$_3$Hg（Ⅱ）氯化物以及利用可见光和 ZnO 纳米颗粒去除水中有毒的氰化钾和 Cr（Ⅵ）离子。近年来，发现 CdS/钛酸盐纳米管可用于光催化氧化水中的氨（Lee et al.，2002）。

2.7.1.3　去除重金属

人们关注的另一部分是废水流中存在的重金属，因为它会直接影响人类健康，并对处理厂构成挑战，因为重金属的数量取决于行业类型。然而，某些金属较稀有、成本高，且金属的回收大多优于金属本身的去除。光催化在多个案例中已被证明成功地去除了重金属。TiO$_2$ 催化剂的分散有助于从金（Ⅲ）、铂（Ⅳ）和铑

（Ⅲ）氯盐的混合物中回收金（Borgarello et al.，1986）。除了使用过氧化物 H_2O_2 和 S_2O_2 降解 CN^- 外，还可以从含氰离子的样品中回收金。此外，二氧化钛也可利用能产生 253.7nm 波长光线的光源照射废水，以去除废水中的镉。从污水污泥中提取的活性炭与二氧化钛纳米颗粒的组合可被用来降低 Hg^{2+}（Asenjo et al.，2011），然后回收金属 Hg。

2.7.2　纳米吸附

吸附是一种被称为吸附质的物质通过某种物理或化学作用吸附另一种物质的过程。吸附剂可广泛用于去除废水中的有机污染物，如纺织工业中的有机污染物。吸附过程通常分为以下三个步骤：

第一步，污染物颗粒从水中向吸附剂表面的转移；

第二步，吸附剂表面对污染物的吸附；

第三步，吸附剂内部的运输。

相比于整体粒子，纳米粒子具有更大的比表面积。它们可以较容易地与各种化学基团起作用从而增强它们与目标污染物的亲和力。吸附剂的另外两种性质使其更为有效。此外，纳米支架具有纳米大小的孔径，有助于吸附污染物。纳米吸附剂通过再生操作可以再次使用，其中被吸附的污染物可通过适当的工艺除去。以下列出一些常见纳米吸附剂。

2.7.2.1　碳纳米吸附剂

碳基纳米材料广泛用于吸附废水中的各种有机和无机污染物。在所使用的碳基纳米材料中，活性炭由于其高吸附能力、高热稳定性、优异的耐磨损性和低成本而受到青睐。苯和甲苯在纺织工业中用作混合染料的溶剂。主要用于从废水中去除苯和甲苯，因为它们会增加有机物的含量并且可能是有害的。因此，对工业废水中的苯和甲苯进行活性炭吸附（Kadirvelu et al.，2001），发现苯（浓度为 400~500mg/g）和甲苯（浓度为 700mg/g）具有很高的吸附能力。活性炭对重金属离子，如 Hg（Ⅱ）、Ni（Ⅱ）、Co（Ⅱ）、Cd（Ⅱ）、Cu（Ⅱ）、Pb（Ⅱ）、Cr（Ⅲ）和 Cr（Ⅵ）的去除已被证明是有效的（Kobya et al.，2005；Al-Omair et al.，2007；Zhong et al.，2006）。

2.7.2.2　金属氧化物纳米吸附剂

常用的金属氧化物吸附剂主要是铁（Fe）、锰（Mn）、硅（Si）、钛（Ti）和钨

（W）的氧化物。金属氧化物作为一种吸附材料，具有成本低、易于官能化、吸附容量大、选择性好等优点。铁氧化物纳米吸附剂最近已经被测试可用于去除废水中的几种有机污染物（Luo et al.，2011；Zhang et al.，2010，2013；Iram et al.，2010）。铁氧化物纳米吸附剂的磁性能使它们从水中磁化（Hu et al.，2010）。铁氧化物对重金属离子也表现出优异的吸附能力（Nassar，2010；Jeon et al.，2010）。纳米结构氧化钨（WO_2）对水中的有机染料也表现出非常高的吸附能力（Abdolmohammad-Zadeh et al.，2013）。研究人员研制出一种锌铝层状双氢氧化物纳米吸附剂，并成功使几种纺织废水中活性黄染料的脱除（El-Safty et al.，2012）。作为纳米吸附剂的非金属氧化物，如二氧化硅（SiO_2）可去除废水中的有机污染物和重金属，并具有一定的应用前景（Yantase et al.，2010；Zamzow et al.，1990；Maliou et al.，1992；Ouki et al.，1997；Ibrahim et al.，2002）。

2.7.2.3 分子筛吸附剂

沸石具有比表面积大及离子交换容量大等特点，是一种广受欢迎的水处理吸附剂。大多数沸石是天然产生的，也可以商业化生产。沸石广泛用于吸附重金属离子（Pansini et al.，1991）。研究者研究了两种天然沸石对铅和镉的吸附作用。采用经过氢氧化钠预处理的两种天然沸石对铅和镉具有很强的吸附能力，金属去除率可达99%以上。分子筛的高孔隙率使其具有较大的吸附容量，而且分子筛助剂的光催化还原能力使高价金属离子还原到相应的低价金属离子，从而降低了它们的毒性。

2.8　纳米化学品在纺织废水处理中的应用

纳米技术已被确认为是众多商业化应用中最先进的废水处理技术之一。纳米研究的发展为经济可行和环境稳定铺平了道路。有效处理废水的技术可以满足不断提高的用水质量标准。通过使用不同类型的纳米粒子以及纳米技术可以解决水质的许多问题。与化学和材料科学等其他学科相比，纳米技术使用的材料尺寸至少在一维上小于100nm，这意味着处于原子和分子的水平（Masciangioli et al.，2003；Eijkel et al.，2005）。

在这种情况下，材料具有新的较大变化的物理、化学和生物学特性，主要是由于它们的结构变化，更大的比表面积提供了污染控制的若干用途，如处理、补救和检测（Rickerby et al.，2007；Vaseashta et al.，2007）。基于纳米材料在水/废水处理中的作用，相关研究人员探索了纳米材料的高反应活性和强吸附等特性在水/废水处理中的应用。纳米颗粒由于尺寸细小可以渗透得更深，因此可以处理水/废水，这是常规技术所不能及的。它们较大的比表面积提高了对环境污染物的反应性能。从长远来看，纳米技术具有提供水质和水量的潜力，例如，通过利用可重复使用水的薄膜进行海水淡化。此外，通过开发连续监测设备，它产生了低成本和实时的测量结果（Riu et al.，2006；Theron et al.，2008）。纳米粒子具有很高的吸收、相互作用和反应能力，通过与水悬浮液混合可以表现为胶体，还可以显示量子尺寸效应（Alivisatos，1996）。节约能源就是节约成本。然而，该技术的整体使用成本应该与市场上的其他技术进行比较（CraneScott，2012）。膜过滤，是一种高效且低成本的过滤技术，因而被认为是一种先进的水/废水处理工艺（Allabashietal，2007）。现已经开发出更为高效的纳米材料过滤膜过滤工艺。纳米颗粒现已被广泛用于制造膜，可以控制各种结构和相关功能的渗透性和防污性（Li et al.，2009；Kim et al.，2008）。无论是聚合物膜还是无机膜，都是通过由纳米粒子组装成多孔膜或共混过程来制备的。制备过滤膜使用的纳米材料有金属氧化物纳米粒子，如二氧化钛。碳纳米管可进一步改善膜的渗透性、细菌失活等性能（Chae et al.，2009；Barhate et al.，2007）。纳米纤维介质也被用于改善过滤系统，因为它们具有高渗透性和小孔径的特性（Escobar et al.，2001）。纳米纤维膜可通过静电纺丝的制备技术合成。根据所选择的聚合物不同，其所表现出的性能也不同。总之，纳米吸附剂、纳米催化剂、沸石分子筛、树枝状聚合物和纳米催化膜等纳米材料的发展，可以对致病微生物进行消毒、去除水/废水中的有毒金属、有机和无机物。

2.8.1　具有消毒作用的纳米化学品

生物污染物一般可分为微生物、天然有机物和生物毒素三大类。微生物污染物包括人类病原体和自由生存的微生物（Majsterek et al.，2004；Berry et al.，2006；Dugan et al.，2006；Srinivasan et al.，2008；Jain et al.，2005）。吸附剂（如活性炭）的去除效果良好，但同时许多因素都会影响去除过程。地下水容易受到细菌和原生动物的污染。处理微生物最简单的方法是使用氧化剂，如氯和臭氧。二氧化氯不仅价格昂贵，在生产过程中还会产生有害物质，如亚氯酸盐和氯酸盐。另外，臭氧处理虽没有残留影响，但会产生未知的有机反应产物。对于紫外线消毒，需要耗费更长的暴露时间才能有效，无残留影响。因此，先进的消毒技术必须至少可消除新兴的病原体，才能进行大规模应用。含银、钛、锌等多种不同类型的纳米材料能够对水生致病微生物进行消毒。它们的抗菌特性来自它们所带的电荷。二氧化钛光催化剂和金属及金属氧化物纳米粒子是一类具有抗菌性能的新型纳米材料。许多研究人员都强调了金属离子的能力，能够在水消毒中产生预期效果（Sondi et al.，2004）。以下为可用作消毒剂的纳米材料。

2.8.1.1 银纳米粒子

银具有低毒性和微生物灭活性，因此是应用最广泛的纳米材料之一。银纳米粒子可以从其盐中提取，如硝酸银和氯化银，其作为生物杀灭剂的有效性广为人知（Baker et al.，2005；Panek et al.，2006；Makhluf et al.，2005）。抗菌效果与粒径有关，较小的银纳米粒子（8nm）最有效，而较大粒径的银纳米粒子（11~23nm）则具有较低的杀菌活性（Xiu et al.，2011）。有几种机制可以解释银纳米粒子的杀菌效果，例如，自由基的形成破坏了细菌的细胞膜（Xiu et al.，2012；Esteban-Cubillo et al.，2006）并与 DNA 的相互作用，细胞表面的黏附和酶的破坏引起了细胞膜特性的改变。固定化纳米粒子具有高抗菌活性（Balogh et al.，2001）。在一项研究中，直接静电纺丝法将银纳米颗粒包埋在醋酯纤维中，结果表明这种方法对革兰氏阳性菌和革兰氏阴性菌均有效。银纳米粒子也被融入不同类型的聚合物生产抗菌纳米纤维（Chen et al.，2003；Botes et al.，2010；Chou et al.，2005）。使用涂有银纳米纤维的聚氨酯泡沫制备的水过滤器对大肠杆菌有良好的抗菌性能（Lee et al.，2007）。银纳米粒子还可用于构建过滤膜，例如，在聚砜膜中用于减少生物污垢。这些银纳米粒子载膜对大肠杆菌、假单胞菌等有良好的抗菌活性（Adesina，2004；Li et al.，2008）。虽然银纳米颗粒可有效灭活细菌和病毒及减少膜生物附着，但从长远来看，由于银离子的损失，导致银纳米颗粒的抗膜生物附着能力明显下降。因此，为了长期控制膜生物污染，需要进一步努力降低银离子的损失。将银纳米颗粒与其他金属纳米颗粒或其与金属氧化物纳米颗粒复合则可以解决这一问题，但这也可能导致废水中无机/有机化合物同时被去除。

2.8.1.2 二氧化钛纳米粒子

在水净化方面，二氧化钛纳米粒子是新兴的极具发展前景的光催化剂。据报道，TiO_2 暴露于模拟太阳光下 8h 可降低水性微生物病原体的生存能力，主要是原生动物和真菌。氮掺杂二氧化钛纳米催化剂已证明其有效地还原微生物污染物的废水（Chaturvedi et al.，2012）。纳米二氧化钛薄膜和膜在紫外和可见光照射下既能杀灭微生物又能分解有机污染物（Choi et al.，2009）。由于其在水中的稳定性，二氧化钛可以被纳入薄膜或膜过滤器中。

2.8.2　可去除重金属离子的纳米化学品

纺织工业废水中主要存在的重金属和金属离子，包括铜、砷、铅、镉、汞和铬。不同类型的纳米材料可用于去除废水中的重金属离子，如纳米吸附剂 CNTs、沸石和树枝状聚合物，它们具有特殊的吸附性能（Savage et al.，2005）。碳纳米管吸附重金属的能力，如 Cd^{2+}（Li et al.，2003）、Cr^{3+}（Di et al.，2006）、Pb^{2+}（Li et al.，2005）、Zn^{2+}（Lu et al.，2006）和金属化合物，如砷（Peng et al.，2005）这些已经有文献记载。而碳纳米管与氧化铁和氧化铈（CeO_2）复合材料用于去除重金属离子的研究却很少（Lu et al.，2005）。以碳纳米管为载体的 CeO_2 纳米粒子能有效地吸附砷。碳纳米管的快速吸附动力学主要取决于容易到达的吸附位置和较小的粒内扩散距离。金属基纳米材料在去除重金属方面优于活性炭（Sharma et al.，2009），例如，使用 TiO_2 纳米颗粒和纳米磁铁矿吸附砷。同时，采用纳米二氧化钛复合粒子固定在石墨烯片上，在阳光下将 Cr（Ⅵ）还原成 Cr（Ⅲ）（Zhang et al.，2012）。在另一个实验中研究者使用钯纳米颗粒进行类似的 Cr 处理（Omole et al.，2009），还研究了铁氧化物纳米材料（Fe_2O_3 和 Fe_3O_4）作为吸附剂对砷等重金属的去除能力。铁纳米颗粒（FeO）对 As（Ⅲ）、As（Ⅴ）、Pb（Ⅱ）、Cu（Ⅱ）、Ni（Ⅱ）和 Cr（Ⅵ）等重金属有很好的还原作用（Ponder et al.，2000；Kanel et al.，2005，2006；Yang et al.，2005；Li et al.，2006）。利用新型的自组装氧化铁纳米结构成功地吸附了 As（Ⅴ）和 Cr（Ⅵ）（Zhong et al.，2006）。二氧化铈的三维纳米结构对砷和铬都具有良好的吸附性能。最后，还有一些有效去除砷的商业化产品，其中包括 FeO_2 纳米粒子和聚合物以及纳米 TiO_2 介质（Sylvester et al.，2007）。

2.8.3　可去除有机污染物的纳米化学品

天然有机物（NOM）是由多种疏水性（腐殖酸和富里酸）和亲水性有机物组成，对水体污染起一定的作用。吸附法是去除废水中天然有机物的主要方法，碳基吸附剂也被广泛应用。

2.8.3.1 碳纳米管

纳米吸附是利用分子筛、树枝状聚合物和碳纳米管等纳米吸附剂进行吸附。这些纳米吸附剂具有优异的吸附性能，用于去除废水中的有机物（Savage et al.，2005）。碳纳米管能够在表面吸附大量有机物，因此具有特殊的水处理能力（Rao et al.，2007）。碳纳米管具有较大的比表面积，因此，其天然有机物的去除率高于其他碳基吸附剂（Saleh et al.，2008）。碳纳米管还能有效去除多环芳香化合物（Di et al.，2006），染色过程会向废水中释放大量的芳香化合物，因此在纺织工业中有特殊用途。通过静电纺丝制备的纳米多孔碳纳米管的活性碳纤维对苯、甲苯、二甲苯和乙苯（纺织工业中作为溶剂使用）的有机吸附比活性炭要好得多（Mangune-tal，2001）。铁纳米颗粒官能化的多壁碳纳米管可用作苯和甲苯等芳香族化合物的有效吸附剂。

2.8.3.2 二氧化钛纳米材料

除 CeO_2 外，科研人员还使用了金属氧化物（如 TiO_2）等纳米材料作为催化剂，以便在臭氧氧化过程中快速且较高程度地降解有机污染物（Nawrocki et al. Kasprzyk-Hordern，2010；Orge et al.，2011）。多氯联苯是一种对环境具有高毒性的化学物质，主要用于尼龙工业，在排放过程中会进入废水中。纳米二氧化钛等光催化剂可有效地用于处理多氯联苯、苯和氯代烷等有机污染物污染的废水（Kabra et al.，2004）。二氧化钛可以有效地去除废水中的总有机碳。贵金属掺杂二氧化钛可以促进有机物的分解，提高羟基自由基的产生等。例如，在 TiO_2 纳米颗粒中掺杂 Si 可以提高 TiO_2 纳米颗粒的比表面积和结晶度（Iwamoto et al.，2000，2005）。用贵金属沉积物等改性的 TiO_2 纳米晶体在可见光区降解亚甲基蓝染料（Liu et al.，2005；Wu et al.，2006）。氮掺杂和铁掺杂的 TiO_2 纳米粒子比商用的 TiO_2 纳米粒子分别有利于降解偶氮染料和苯酚。二氧化钛纳米管有效地被用于降解有机物，较二氧化钛纳米粒子更为有效。

2.8.3.3 零价铁

偶氮染料是大多数纺织工业排放的重要污染物之一。纳米催化剂包括半导体、零价金属和双金属纳米粒子，已用于去除多氯联苯、农药和偶氮染料等几种有机污染物。其能够有效去除污染物的主要原因是具有更大的比表面积以及特异的形状

（Zhao et al.，2011）。使用纳米级零价铁（nZVI）（Wang et al.，1997）、硝酸盐及高氯酸盐等无机离子（Choe et al.，2000；Cao et al.，2005）成功转化了其他类型的氯化有机化合物和多氯联苯。这种稳定的 nZVI 颗粒也可以用于纺织工业废水的原位处理（Xu et al.，2007）。nZVI 和双金属 nZVI 由于具有较大的比表面积和较高的反应活性，可用作减少多氯联苯和有机染料等纺织工业释放的各种有机污染物的有效氧化还原试剂（Schrick et al.，2002；Nurmi et al.，2005）。

2.8.4　其他纳米化学品

研究者对 Ag 和偕胺肟纤维的纳米催化剂进行了有效的研究，它可用于处理纺织废水中的有机染料（Wu et al.，2010）。二氧化锰（MnO_2）薄膜已被用于有机染料的矿化（Espinal et al.，2004）。同样，二氧化锰分级空心纳米结构可被用于去除废水中的有机污染物（Fei et al.，2008）。数百万美元用于这些有用的纳米化学品的材料研究。

2.9　结论

纳米化学品在处理废水中的应用还有待于进一步探索。在纺织工业废水处理中使用纳米化学品进行光催化和纳米吸附，需要技术人员掌握相关领域的知识。为了使纳米化学品的应用具有相应的功能和效率，对现有的处理设备进行多重改造也是必要的。值得关注的是，缺乏对于水中纳米化学品落脚点的了解以及其性质和行为较难预测。意外污染是指，通过宏观界面进行的反应对环境产生的催化效应则被视为一种潜在的危险（Yao et al.，2013）。

纺织工业由一系列工艺过程组成，这些过程导致有害污染物排放到废水流中。这些污染物如果不加以控制和处理就会对环境和水生生物造成不利影响。因此，纺织工业的废水需要妥善处理和排放。目前的技术难以跟上污水排放标准和污染物的排放量。正在开发的、最有前景的解决办法之一是使用纳米化学品处理纺织工业废水。纳米化学品能够通过光催化或纳米吸附去除污染物。它们也可以制成纳滤膜。纳米化学品可用于去除整个染色过程中释放的有机染料、煮练过程中释放的溶剂、染色和印花过程中释放的重金属和离子。TiO_2、nZVI、沸石是一类可广泛用于纺织工业废水处理的纳米化学品。

参考文献

Abdolmohammad-Zadeh, H. , Ghorbani, E. , & Talleb, Z. (2013). Zinc-aluminum layered double hydroxide as anano-sorbent for removal of Reactive Yellow 84 dye from textile wastewater effluents. Journal of the Iranian Chemical Society, 10, 1103-1112.

Abraham, T. E. , Senan, R. C. , Shaffiqu, T. S. , Roy, J. J. , Poulose, T. P. , & Thomas, P. P. (2003). Bioremediation of textile azo dyes by an aerobic bacterial consortium using a rotating biological contactor. Biotechnology Progress, 19, 1372-1376.

Adesina, A. A. (2004). Industrial exploitation of photocatalysis: Progress, perspectives and prospects. Catalysis Surveys from Asia, 10, 265-273.

Alivisatos, A. P. (1996). Perspectives on the physical chemistry of semiconductor nanocrystals. The Journal of Physical Chemistry, 100, 13226-13239.

Allabashi, R. , Arkas, M. , Hörmann, G. , & Tsiourvas, D. (2007). Removal of some organic pollutants in water employing ceramic membranes impregnated with cross-linked silylated dendritic and cyclodextrin polymers. Water Research, 41, 476-486.

Al-Omair, M. A. , & El-Sharkawy, E. A. (2007). Removal of heavy metals via adsorption on activated carbon synthesized from solid wastes. Environmental Technology, 28, 443-451.

Asenjo, N. G. , Álvarez, P. , Granda, M. , Blanco, C. , Santamaría, R. , & Menéndez, R. (2011). High performance activated carbon for benzene/toluene adsorption from industrial wastewater. Journal of Hazardous Materials, 192, 1525-1532.

Babu, B. R. , Parande, A. K. , & Raghu, S. (2007). Cotton textile processing: Waste generation and effluent treatment. Journal of cotton science, 11, 141-153.

Baker, C. , Pradhan, A. , Pakstis, L. , Pochan, D. J. , & Shah, S. I. (2005). Synthesis and antibacterial properties of silver nanoparticles. Journal of Nanoscience and Nanotechnology, 5, 244-249.

Balogh, L. , Swanson, D. R. , Tomalia, D. A. , Hagnauer, G. L. , & McManus, A. T. (2001). Dendrimer-silver complexes and nanocomposites as antimicrobial agents. Nano Letters, 1, 18-21.

Barhate, R. S. , & Ramakrishna, S. (2007). Nanofibrous filtering media: Filtration problems and solutions from tiny materials. Journal of Membrane Science, 296, 1-8.

Baruah, S. , & Dutta, J. (2016). Hydrothermal growth of ZnO nanostructures. Science and Technology of Advanced Materials.

Baruah,S. ,K Pal,S. ,& Dutta,J. (2012). Nanostructured zinc oxide for water treatment. Nano-science & Nanotechnology-Asia,2,90-102.

Berry,D. ,Xi,C. ,&Raskin,L. (2006). Microbial ecology of drinking water distribution systems. Current Opinion in Biotechnology,17,297-302.

Bhatkhande,D. S. ,Pangarkar,V. G. ,& Beenackers,A. A. (2002). Photocatalytic degradation for environmental applications-a review. Journal of Chemical Technology and Biotechnology, 77,102-116.

Borgarello,E. ,Serpone,N. ,Emo,G. ,Harris,R. ,Pelizzetti,E. ,& Minero,C. (1986). Inorganic Chemistry,25,4499.

Botes,M. ,& Cloete,T. E. (2010). The potential of nanofibers and nanobiocides in water purification. Critical Reviews in Microbiology,36,68-81.

Cao,J. ,Elliott, D. , & Zhang, W. X. (2005). Perchlorate reduction by nanoscale iron particles. Journal of Nanoparticle Research,7,499-506.

Chae, S. R. , Wang, S. , Hendren, Z. D. , Wiesner, M. R. , Watanabe, Y. , & Gunsch, C. K. (2009). Effects of fullerene nanoparticles on Escherichia coli K12 respiratory activity in aqueous suspension and potential use for membrane biofouling control. Journal of Membrane Science,329,68-74.

Chaohai,W. ,Xiangdong,J. ,& Huanqin,C. (1998). Advances in the technology of wastewater treatment by aerobic biological fluidized bed. Journal of Environmental Science and Technology, 4,001.

Chaturvedi,S. ,Dave,P. N. ,& Shah,N. K. (2012). Applications of nano-catalyst in new era. Journal of Saudi Chemical Society,16,307-325.

Chen,Y. ,Wang,L. ,Jiang,S. ,& Yu,H. (2003). Study on novel antibacterial polymer materials (I) preparation of zeolite antibacterial agents and antibacterial polymer composite and their antibacterial properties. Journal of Polymer Materials,20,279-284.

Choe,S. ,Chang,Y. Y. ,Hwang,K. Y. ,& Khim,J. (2000). Kinetics of reductive denitrification bynanoscale zero-valent iron. Chemosphere,41,1307-1311.

Choi,H. ,Al-Abed,S. R. ,& Dionysiou,D. D. (2009). Nanostructured titanium oxide film- and membrane-based photocatalysis for water treatment. Nanotechnology Applications for Clean Water,3,39-46.

Chou, G. E. W. L. , Yu, D. G. , & Yang, M. C. (2005). The preparation and characterization of silver-loading cellulose acetate hollow fibre membrane for water treatment. Polymers for Advanced Technologies, 16, 600-607.

Crane, R. A. , & Scott, T. B. (2012). Nanoscale zero-valent iron: Future prospects for an emerging water treatment technology. Journal of Hazardous Materials, 211, 112-125.

Dabrowski, A. , Hubicki, Z. , Podkościelny, P. , & Robens, E. (2004). Selective removal of the heavy metal ions from waters and industrial wastewaters by ion-exchange method. Chemosphere, 56, 91-106.

Dalan, J. A. (2000). 9 things to know about zero liquid discharge. Chemical Engineering Progress, 96, 71-76.

Delée, W. , O' Neill, C. , Hawkes, F. R. , & Pinheiro, H. M. (1998). Anaerobic treatment of textile effluents: A review. Journal of Chemical Technology and Biotechnology, 73, 323-335.

Di, Z. C. , Ding, J. , Peng, X. J. , Li, Y. H. , Luan, Z. K. , & Liang, J. (2006). Chromium adsorption by aligned carbon nanotubes supported ceria nanoparticles. Chemosphere, 62, 861-865.

Dugan, N. R. , & Williams, D. J. (2006). Cyanobacteria passage through drinking water filters during perturbation episodes as a function of cell morphology, coagulant and initial filter loading rate. Harmful Algae, 5, 26-35.

Eggins, B. R. , Palmer, F. L. , & Byrne, J. A. (1997). Photocatalytic treatment of humic substances in drinking water. Water Research, 31, 1223-1226.

Eijkel, J. C. T. , & Van den Berg, A. (2005). Nanofluidics: What is it and what can we expect from it? Microfluidics and Nanofluidics, 1, 249-267.

El-Safty, S. A. , Shahat, A. , & Ismael, M. (2012). Mesoporous aluminosilica monoliths for the adsorptive removal of small organic pollutants. Journal of Hazardous Materials, 201, 23-32.

Escobar, I. C. , Randall, A. A. , & Taylor, J. S. (2001). Bacterial growth in distribution systems: Effect of assimilable organic carbon and biodegradable dissolved organic carbon. Environmental Science and Technology, 35, 3442-3447.

Espinal, L. , Suib, S. L. , & Rusling, J. F. (2004). Electrochemical catalysis of styrene epoxidation with films of MnO_2 nanoparticles and H_2O_2. Journal of the American Chemical Society, 126, 7676-7682.

Esteban-Cubillo, A. , Pecharromán, C. , Aguilar, E. , Santarén, J. , & Moya, J. S. (2006). Antibacterial activity of copper monodispersed nanoparticles into sepiolite. Journal of Materials Science,41,5208-5212.

Fei,J. ,Cui,Y. , Yan,X. , et al. (2008) . Controlled preparation of MnO₂ hierarchical hollow nanostructures and their application in water treatment. Advanced Materials,20,452-456.

Fritzmann,C. ,Löwenberg,J. ,Wintgens,T. , & Melin,T. (2007) . State-of-the-art of reverse osmosis desalination. Desalination,216,1-76.

Guosheng,C. H. S. (2000) . Research progress and application on biological contact oxidation of micropolluted source water. Techniques and Equipment for Environmental Pollution,3,10.

Heijman,S. G. J. ,Guo,H. ,Li,S. , Van Dijk,J. C. ,& Wessels,L. P. (2009) . Zero liquid discharge:Heading for 99% recovery in nanofiltration and reverse osmosis. Desalination,236, 357-362.

Hoffmann,M. R. ,Martin,S. T. ,Choi,W. , & Bahnemann,D. W. (1995) . Chemical Reviews, 95,69.

Hornyak,G. L. ,Dutta,J. ,Tibbals,H. F. ,& Rao,A. (2008) . Introduction to nanoscience. Boca Raton:CRC Press.

Hornyak,G. L. ,Moore,J. J. ,Tibbals,H. F. ,& Dutta,J. (2009). Fundamentals of nanotechnology. Boca Raton:CRC Press.

Hu,H. ,Wang,Z. ,& Pan,L. (2010). Synthesis of monodisperse Fe₃O₄@ silica core-shell microspheres and their application for removal of heavy metal ions from water. Journal of Alloys and Compounds,492,656-661.

Ibrahim,K. ,&Khoury,H. (2002). Use of natural chabazite-phillipsite tuff in wastewater treatment from electroplating factories in Jordan. Environmental Geology,41,547-551.

Iram,M. ,Guo,C. ,Guan,Y. ,Ishfaq,A. ,& Liu,H. (2010). Adsorption and magnetic removal of neutral red dye from aqueous solution using Fe₃O₄ hollow nanospheres. Journal of Hazardous Materials,181,1039-1050.

Iwamoto,S. ,Iwamoto,S. ,Inoue,M. ,Yoshida,H. ,Tanaka,T. ,& Kagawa,K. (2005). XANES and XPS study of silica-modified titanias prepared by the glycothermal method. Chemistry of Materials,17,650-655.

Iwamoto,S. ,Tanakulrungsank,W. ,Inoue,M. ,Kagawa,K. ,& Praserthdam,P. (2000). Synthesis of large-surface area silica-modified Titania ultrafine particles by the glycothermal method. Journal of Materials Science Letters,19,1439-1443.

Jain,P. ,& Pradeep,T. (2005). Potential of silver nanoparticle-coated polyurethane foam as an antibacterial water filter. Biotechnology and Bioengineering, 90, 59-63.

Jeon, S., & Yong, K. (2010). Morphology-controlled synthesis of highly adsorptive tungsten oxide nanostructures and their application to water treatment. Journal of Materials Chemistry, 20, 10146-10151.

Jin, J., Li, R., Wang, H., Chen, H., Liang, K., & Ma, J. (2007). Magnetic Fenanoparticle functionalized water-soluble multi-walled carbon nanotubules towards the preparation of sorbent for aromatic compounds removal. Chemical Communications, 4, 386-388.

Jiraratananon, R., Sungpet, A., & Luangsowan, P. (2000). Performance evaluation of nanofiltration membranes for treatment of effluents containing reactive dye and salt. Desalination, 130, 177-183.

Kabra, K., Chaudhary, R., & Sawhney, R. L. (2004). Treatment of hazardous organic and inorganic compounds through aqueous-phasephotocatalysis: A review. Industrial and Engineering Chemistry Research, 43, 7683-7696.

Kadirvelu, K., Thamaraiselvi, K., & Namasivayam, C. (2001). Removal of heavy metals from industrial wastewaters by adsorption onto activated carbon prepared from an agricultural solid waste. Bioresource Technology, 76, 63-65.

Kanel, S. R., Greneche, J. M., & Choi, H. (2006). Arsenic(V) removal from groundwater using nano scale zero-valent iron as a colloidal reactive barrier material. Environmental Science and Technology, 40, 2045-2050.

Kanel, S. R., Manning, B., Charlet, L., & Choi, H. (2005). Removal of arsenic (Ⅲ) from groundwater by nanoscale zero-valent iron. Environmental Science and Technology, 39, 1291-1298.

Kesraoui-Ouki, S., Cheeseman, C., & Perry, R. (1993). Effects of conditioning and treatment of chabazite and clinoptilolite prior to lead and cadmium removal. Environmental Science and Technology, 27, 1108-1116.

Kim, J., Davies, S. H. R., Baumann, M. J., Tarabara, V. V., & Masten, S. J. (2008). Effect of ozone dosage and hydrodynamic conditions on the permeate flux in a hybrid ozonation-ceramic ultrafiltration system treating natural waters. Journal of Membrane Science, 311, 165-172.

Kobya, M., Demirbas, E., Senturk, E., & Ince, M. (2005). Adsorption of heavy metal ions from aqueous solutions by activated carbon prepared from apricot stone. Bioresource Technology, 96, 1518-1521.

Kumar, P. S. , Vijayakumar Abhinaya, R. , Arthi, V. , GayathriLashmi, K. , Priyadharshini, M. & Sivanesan, S. (2014). Adsorption of methylene blue dye onto surface modified cashew nut shell. Environmental Engineering & Management Journal(EEMJ), 13.

Langlais, B. , Reckhow, D. A. , & Brink, D. R. (1991). Ozone in water treatment: Application and engineering. Boca Raton: CRC Press.

Lee, S. Y. , Kim, H. J. , Patel, R. , Im, S. J. , Kim, J. H. , & Min, B. R. (2007). Silver nanoparticles immobilized on thin film composite polyamide membrane: Characterization, nanofiltration, antifouling properties. Polymers for Advanced Technologies, 18, 562−568.

Lee, J. , Park, H. , &Choi, W. (2002). Selective photocatalytic oxidation of NH_3 to N_2 on platinized TiO_2 in water. Environmental Science and Technology, 36, 5462−5468.

Leng, C. C. , & Pinto, N. G. (1996). An investigation of the mechanisms of chemical regeneration of activated carbon. Industrial and Engineering Chemistry Research, 35, 2024−2031.

Li, Y. H. , Di, Z. , Ding, J. , Wu, D. , Luan, Z. , & Zhu, Y. (2005). Adsorption thermodynamic, kinetic and desorption studies of Pb2$^+$ on carbon nanotubes. Water Research, 39, 605−609.

Li, Y. H. , Ding, J. , Luan, Z. , et al. (2003). Competitive adsorption of Pb^{2+}, Cu^{2+} and Cd^{2+} ions from aqueous solutions by multiwalled carbon nanotubes. Carbon, 41, 2787−2792.

Li, Q. , Mahendra, S. , Lyon, D. Y. , et al. (2008). Antimicrobial nanomaterials for water disinfection and microbial control: Potential applications and implications. Water Research, 42, 4591−4602.

Li, J. F. , Xu, Z. L. , Yang, H. , Yu, L. Y. , & Liu, M. (2009). Effect of TiO_2 nanoparticles on the surface morphology and performance of microporous PES membrane. Applied Surface Science, 255, 4725−4732.

Li, X. Q. , & Zhang, W. X. (2006). Iron nanoparticles: The core−shell structure and unique properties for Ni(II) sequestration. Langmuir, 22, 4638−4642.

Liu, H. , & Gao, L. (2005). Synthesis and properties of CdSe−sensitized rutile TiO_2 nanocrystals as a visible light−responsive photocatalyst. Journal of the American Ceramic Society, 88, 1020−1022.

Lu, C. , Chiu, H. , & Liu, C. (2006). Removal of zinc(II) from aqueous solution by purified carbon nanotubes: Kinetics and equilibrium studies. Industrial and Engineering Chemistry Research, 45, 2850−2855.

Lu, C. , Chung, Y. L. , & Chang, K. F. (2005). Adsorption of trihalomethanes from water with carbon nanotubes. Water Research,39,1183-1189.

Luo,L. H. ,Feng,Q. M. ,Wang,W. Q. ,& Zhang,B. L. (2011). Fe_3O_4/Rectorite composite: Preparation,characterization and absorption properties from contaminant contained in aqueous solution. Advanced Materials Research,287,592-598.

Macak,J. M. ,Zlamal,M. ,Krysa,J. ,& Schmuki,P. (2007). Self-organized TiO_2 nanotube layers as highly efficient photocatalysts. Small (Weinheim an der Bergstrasse, Germany),3, 300-304.

Majsterek,I. ,Sicinska,P. ,Tarczynska,M. ,Zalewski,M. ,& Walter,M. (2004). Toxicity of microcystin from cyanobacteria growing in a source of drinking water. Comparative Biochemistry and Physiology—C Toxicology and Pharmacology,139,175-179.

Makhluf,S. ,Dror,R. ,Nitzan,Y. ,Abramovich,Y. ,Jelinek,R. ,& Gedanken,A. (2005). Microwave-assisted synthesis of nanocrystalline MgO and its use as a bacteriocide. Advanced Functional Materials,15,1708-1715.

Maliou,E. ,Malamis,M. ,& Sakellarides,P. O. (1992). Lead and cadmium removal by ion exchange. Water Science and Technology,25,133-138.

Mangun,C. L. ,Yue,Z. ,Economy,J. ,Maloney,S. ,Kemme,P. ,& Cropek,D. (2001). Adsorption of organic contaminants from water using tailored ACFs. Chemistry of Materials,13,2356-2360.

Masciangioli,J. ,& Zhang,W. X. (2003). Peer reviewed: Environmental technologies at the nanoscale. Environmental Science and Technology,37,102-108.

McNaught, A. D. , & Wilkinson, A. (1997). IUPAC. Compendium of chemical terminology ("gold book") (2nd ed.). Oxford: Blackwell Scientific Publications. (XML on-line corrected version created by Nic M,Jirat J,Kosata B).

Menezes,E. ,& Choudhari,M. (2011). Pre-treatment of textiles prior to dyeing.

Mills,A. ,Belghazi,A. ,& Rodman,D. (1996). Bromate removal from drinking water by semiconductor photocatalysis. Water Research,30,1973-1978.

Mills,A. ,Davies,R. H. ,& Worsley,D. (1993). Water purification by semiconductor photocatalysis. Chemical Society Reviews,22,417-425.

Nassar,N. N. (2010). Rapid removal and recovery of Pb(Ⅱ)from wastewater by magnetic nanoadsorbents. Journal of Hazardous Materials,184,538-546.

Nawrocki,J. ,& Kasprzyk-Hordern,B. (2010). The efficiency and mechanisms of catalytic Ozonation. Applied Catalysis, B: Environmental, 99, 27-42.

Nguyen, T. , Roddick, F. A. , & Fan, L. (2012). Biofouling of water treatment membranes: A review of the underlying causes, monitoring techniques and control measures. Membranes, 2, 804-840.

Nurmi, J. T. , Tratnyek, P. G. , Sarathy, V. , et al. (2005). Characterization and properties of metallic ironnanoparticles: Spectroscopy, electrochemistry, and kinetics. Environmental Science and Technology, 39, 1221-1230.

Oliveira, L. C. A, Rachel Rios, V. R. A. , Jose Fabris, D. , Garg, V. , Karim Sapag, & Rochel Lago, M. (2002). Activated carbon/iron oxide magnetic composites for the adsorption of contaminants in water. Carbon, 40, 2177-2183.

Omole, M. A. , K' Owino, I. , & Sadik, O. A. (2009). Nanostructured materials for improving water quality: Potentials and risks. Nanotechnology Applications for Clean Water, 17, 233-247.

Orge, C. A. , Órfão, J. J. M. , Pereira, M. F. R. , Duarte de Farias, A. M. , Neto, R. C. R. , & Fraga, M. A. (2011). Ozonation of model organic compounds catalysed by nanostructured cerium oxides. Applied Catalysis, B: Environmental, 103, 190-199.

Ouki, S. K. , & Kavannagh, M. (1997). Performance of natural zeolites for the treatment of mixed metal-contaminated effluents. Waste Management and Research, 15, 383-394.

Pala, A. , & Tokat, E. (2002). Color removal from cotton textile industry wastewater in an activated sludge system with various additives. Water Research, 36, 2920-2925.

Panáček, A. , Kvítek, L. , Prucek, R. , et al. (2006). Silver colloid nanoparticles: Synthesis, characterization, and their antibacterial activity. The Journal of Physical Chemistry B, 110, 16248-16253.

Pansini, M. , Colella, C. , & De Gennaro, M. (1991). Chromium removal from water by ion exchange using zeolite. Desalination, 83, 145 157.

Peng, X. , Luan, Z. , Ding, J. , Di, Z. , Li, Y. , & Tian, B. (2005). Ceria nanoparticles supported on carbon nanotubes for the removal of arsenate from water. Materials Letters, 59, 399-403.

Pirkanniemi, K. , & Sillanpää, M. (2002). Heterogeneous water phase catalysis as an environmental application: A review. Chemosphere, 48, 1047-1060.

Ponder, S. M. , Darab, J. G. , & Mallouk, T. E. (2000). Remediation of Cr(Ⅵ) and Pb(Ⅱ) aqueous solutions using supported, nanoscale zero-valent iron. Environmental Science and Technology, 34, 2564-2569.

Rai, H. S. , Bhattacharyya, M. S. , Singh, J. , Bansal, T. K. , Vats, P. , & Banerjee, U. C. (2005). Removal of dyes from the effluent of textile and dyestuff manufacturing industry: A review of emerging techniques with reference to biological treatment. Critical reviews in environmental science and technology, 35, 219-238.

Rao, G. P. , Lu, C. , & Su, F. (2007). Sorption of divalent metal ions from aqueous solution by carbon nanotubes: A review. Separation and Purification Technology, 58, 224-231.

Razzak, N. R. B. (2014). Effectiveness of fenton's reagent in the treatment of textile effluent.

Rickerby, D. G. , & Morrison, M. (2007). Nanotechnology and the environment: A European perspective. Science and Technology of Advanced Materials, 8, 19-24.

Riu, J. , Maroto, A. , & Rius, F. X. (2006). Nanosensors in environmental analysis. Talanta, 69, 288-301.

Saleh, N. B. , Pfefferle, L. D. , & Elimelech, M. (2008). Aggregation kinetics of multiwalled carbon nanotubes in aquatic systems: Measurements and environmental implications. Environmental Science and Technology, 42, 7963-7969.

Savage, N. , & Diallo, M. S. (2005). Nanomaterials and water purification: Opportunities and challenges. Journal of Nanoparticle Research, 7, 331-342.

Saxena, S. , & Kaushik, S. (2011). Effluent treatment in textile industries.

Schrick, B. , Blough, J. L. , Jones, A. D. , & Mallouk, T. E. (2002). Hydrodechlorination of trichloroethylene to hydrocarbons using bimetallic nickel-iron nanoparticles. Chemistry of Materials, 14, 5140-5147.

Serpone, N. , Ah-You, Y. K. , Tran, T. P. , Harris, R. , Pelizzetti, E. , & Hidaka, H. (1987). AM1 simulated sunlight photoreduction and elimination of Hg(II) and CH_3 Hg(II) chloride salts from aqueous suspensions of titanium dioxide. Solar Energy, 39, 491-498.

Sharma, Y. C. , Srivastava, V. , Singh, V. K. , Kaul, S. N. , & Weng, C. H. (2009). Nano-adsorbents for the removal of metallic pollutants from water and wastewater. Environmental Technology, 30, 583-609.

Sondi, I. , & Salopek-Sondi, B. (2004). Silver nanoparticles as antimicrobial agent: A case study on E. coli as a model for Gram-negative bacteria. Journal of Colloid and Interface Science, 275, 177-182.

Srinivasan, S. , Harrington, G. W. , Xagoraraki, I. , & Goel, R. (2008). Factors affecting bulk to total bacteria ratio in drinking water distribution systems. Water Research, 42, 3393-3404.

Sylvester, P. , Westerhoff, P. , Möller, T. , Badruzzaman, M. , & Boyd, O. (2007). A hybrid sorbent utilizing nanoparticles of hydrous iron oxide for arsenic removal from drinking water. Environmental Engineering Science, 24, 104−112.

Theron, J. , Walker, W. A. , & Cloete, T. E. (2008). Nanotechnology and water treatment: Applications and emerging opportunities. Critical Reviews in Microbiology, 34, 43−69.

Tüfekci, Neşe, Sivri, Nüket, & Toroz, İsmail. (2007). Pollutants of textile industry wastewater and assessment of its discharge limits by water quality standards. Turkish Journal of Fisheries and Aquatic Sciences, 7, 97−103.

Vaseashta, A. , Vaclavikova, M. , Vaseashta, S. , Gallios, G. , Roy, P. , & Pummakarnchana, O. (2007). Nanostructures in environmental pollution detection, monitoring, and remediation. Science and Technology of Advanced Materials, 8, 47−59.

Verma, A. K. , Dash, R. R. , & Bhunia, P. (2012). A review on chemical coagulation/flocculation technologies for removal of colour from textile wastewaters. Journal of Environmental Management, 93, 154−168.

Wang, Z. , Huang, K. , Xue, M. , & Liu, Z. (2011). Textile dyeing wastewater treatment, 91−116.

Wang, C. B. , & Zhang, W. X. (1997). Synthesizing nanoscale iron particles for rapid and complete dechlorination of TCE and PCBs. Environmental Science and Technology, 31, 2154−2156.

Wayman, J. (2015). Brackish ground water desalination using solar reverse osmosis.

Wu, L. , Yu, J. C. , & Fu, X. (2006). Characterization and photocatalytic mechanism of nanosized CdS coupled TiO_2 nanocrystals under visible light irradiation. Journal of Molecular Catalysis A: Chemical, 244, 25−32.

Wu, Z. C. , Zhang, Y. , Tao, T. X. , Zhang, L. , & Fong, H. (2010). Silver nanoparticles on amidoxime fibres for photo−catalytic degradation of organic dyes in waste water. Applied Surface Science, 257, 1092−1097.

Xiu, Z. M. , Ma, J. , & Alvarez, P. J. J. (2011). Differential effect of common ligands and molecular oxygen on antimicrobial activity of silver nanoparticles versus silver ions. Environmental Science and Technology, 45, 9003−9008.

Xiu, Z. M. , Zhang, Q. B. , Puppala, H. L. , Colvin, V. L. , & Alvarez, P. J. J. (2012). Negligible particle−specific antibacterial activity of silver nanoparticles. Nano Letters, 12, 4271−4275.

Xu, Y. , & Zhao, D. (2007). Reductive immobilization of chromate in water and soil using stabilized iron nanoparticles. Water Research,41,2101−2108.

Yang,G. C. C. ,& Lee,H. L. (2005). Chemical reduction of nitrate by nanosized iron: Kinetics and pathways. Water Research,39,884−894.

Yantasee,W. ,Rutledge,R. D. ,Chouyyok,W. ,Sukwarotwat,V. ,Orr,G. ,Warner,C. L. ,et al. (2010). Functionalized nanoporous silica for the removal of heavy metals from biological systems: Adsorption and application. ACS Applied Materials & Interfaces,2,2749−2758.

Yao,D. ,Chen,Z. ,Zhao,K. ,Yang,Q. ,& Zhang,W. (2013). Limitation and challenge faced to the researches on environmental risk of nanotechnology. Procedia Environmental Sciences,18, 149−156.

Zamzow,M. J. ,Eichbaum,B. R. ,Sandgren,K. R. ,& Shanks,D. E. (1990). Removal of heavy metals and other cations from wastewater using zeolites. Separation Science and Technology, 25,1555−1569.

Zhang,K. ,Kemp,K. C. ,& Chandra,V. (2012). Homogeneous anchoring of TiO_2 nanoparticles on graphene sheets for waste water treatment. Materials Letters,81,127−130.

Zhang,S. ,Niu,H. ,Hu,Z. ,Cai,Y. ,& Shi,Y. (2010). Preparation of carbon coated Fe_3O_4 nanoparticles and their application for solid−phase extraction of polycyclic aromatic hydrocarbons from environmental water samples. Journal of Chromatography A,1217,4757−4764.

Zhang,S. ,Xu,W. ,Zeng,M. ,Li,J. ,Li,J. ,Xu,J. ,et al. (2013). Superior adsorption capacity of hierarchical iron oxide @ magnesium silicate magnetic nanorods for fast removal of organic pollutants from aqueous solution. Journal of Materials Chemistry A,1,11691−11697.

Zhao,X. ,Lv,L. ,Pan,B. ,Zhang,W. ,Zhang,S. ,& Zhang,Q. (2011). Polymer−supported nanocomposites for environmental application: A review. Chemical Engineering Journal,170, 381−394.

Zhong,L. S. ,Hu,J. S. ,Liang,H. M. ,Cao,A. M. ,Song,W. G. ,& Wan,L. J. (2006). Self−assembled 3D flowerlike iron oxide nanostructures and their application in water treatment. Advanced Materials,18,2426−2431.

第 3 章 纳米技术在功能纺织品中的应用

Shahid-ul-Islam，Mohd Shabbir，Faqeer Mohammad

摘要：近年来，新涌现出一些多学科方法，可以赋予纺织材料各种功能。纳米技术也引发了科学界的关注，可开发各种多功能用途的纺织品。着色过程中纳米粒子发挥着重要的作用，纳米粒子由于其比表面积大和表面能高而具有耐微生物性、阻燃性、阻燃性和自洁性等新的特性。本章节重点介绍在天然和合成纺织材料方面纳米技术的最新处理功能。可持续的纳米纺织品应用于医药和防护服装等行业，同时也进行了批判性的讨论。

关键词：纳米纺织品；可持续性服装；功能化；抗菌活性研究

3.1 引言

纺织服装行业在许多国家的经济中占有重要地位。从世界诞生之初，服装就已成为除食物和家庭之外的最基本需要。社会的现代化进步也发展了不同时期人们的着装感（Islam et al.，2014）。早期，衣服被用来覆盖身体或看起来更美观，而现如今随着人们追求美好生活意识的增强，消费者更倾向具有多功能特性的服装（Montazer et al.，2013；Shahid et al.，2013）。当今服装，如羊毛、棉、丝绸和其他合成纤维，可进行染色、防水、防虫、抗菌和防紫外线等处理（Kaplan et al.，2008）。不同的助剂可以使纺织纤维处理功能化，目前广泛应用于纺织、制药、医药、农业、食品等行业。由于其重要性，许多合成抗菌剂，例如，三氯生、季铵化合物、N-卤胺、染料、金属盐和其他天然产物衍生剂，包括茶多酚、天然染料和壳聚糖，都得到了广泛应用（Hutchison，2008；Gao et al.，2008；Simoncic et al.，2010）。纺织品着色和功能性整理是一个消耗大量化学品、水和合成染料的湿法过程（Batool et al.，2013；Islam et al.，2013a，b）。科学家正在努力研发新技术，落后的过程和技术正在不断地被新技术取代。鉴于日益严重的环境污染问题，染整行业不仅采用了环保方法，而且还采用了环保产品（Shahid et al.，2013；Islam et al.，2014)。在各种可持续的和可再生的产品中，应从植物种类中提取天然染料，如番荔枝、坚果、大黄、指甲花、胡桃、茜草、石榴、洋葱和胡萝卜，这也成为最近几项旨在获得颜色和其他功能特性的调查主题（Bhatti et al.，2010；Khan et al.，2012)。最近，研究人员对利用纳米技术对不同的天然和合成纺织材料进行功能改性方面表现出极大的兴趣。世界各地正在研究不同的纳米材料，以赋予织物一些新的突出性能。以下列举了一些常规方法，突出了纳米技术在不同纺织材料功能改性中的作用（图 3.1)。

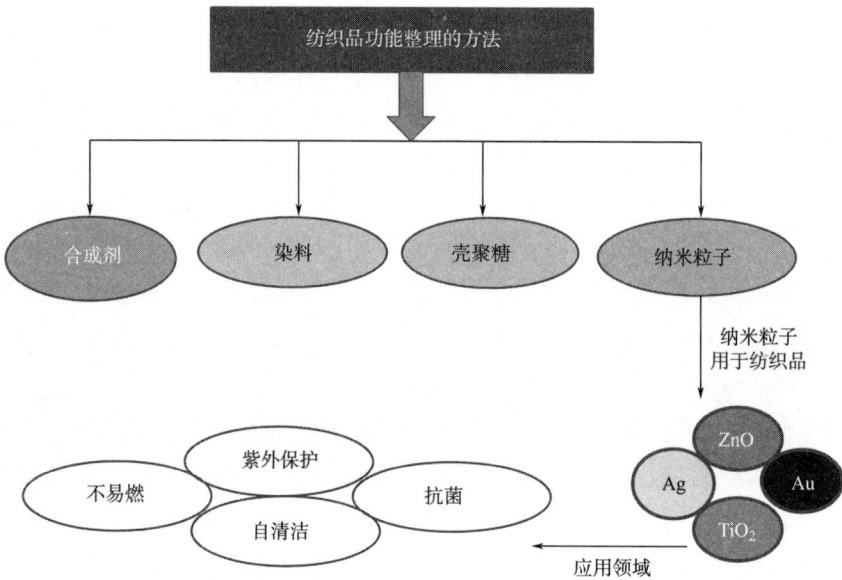

图 3.1　纺织品功能整理的常规方法

3.2　用于纺织品功能整理的合成剂

现如今，已开发出很多纺织品表面处理方法用于生产具有抗菌、防紫外线、抗氧化剂和其他卫生性能的纺织品。一些重要的用于纺织品功能化的合成剂如下。

据过去几十年的调查报道，研究人员主要研究了化学品的不同应用整理，纺织表面的抗菌、防紫外线、阻燃整理（Montazer et al.，2013)。在各种功能整理方法中，抗菌处理由于涉及人类的宝贵生命而倍受重视。纺织材料非常适宜细菌生长，因此充当了传播疾病的潜在载体。提出纺织品抗菌改性的观点，其应具有耐洗、耐干洗、耐热压等特点，同时对纺织品的质量或外观不产生负面影响。表 3.1 总结了一些可在市场上购买的抗菌剂。

表 3.1　部分市售抗菌剂（Gao et al.，2008；Simoncic et al.，2010）

抗菌剂	分子式	结构
氯己定	$C_{22}H_{30}Cl_2N_{10}$	$Cl-\!\!\langle\bigcirc\rangle\!\!-NHCNHCNH(CH_2)_6NHCNHCNH-\!\!\langle\bigcirc\rangle\!\!-Cl$，下标 NH NH NH NH
三氯生	$C_{12}H_7Cl_3O_2$	$Cl-\!\!\langle\bigcirc\rangle\!\!(Cl)-O-\!\!\langle\bigcirc\rangle\!\!(HO)-Cl$
磺胺嘧啶银	$C_{10}H_9AgN_4O_2S$	$Ag^+\ \left[\,H_2N-\!\!\langle\bigcirc\rangle\!\!-SO_2N^-\!\!-\!\langle N\rangle\,\right]$
季铵盐	$C_{26}H_{58}ClNO_3Si$	$\left[\,H_3CO-\underset{OCH_3}{\overset{OCH_3}{Si}}-CH_2CH_2CH_2-\underset{CH_3}{\overset{CH_3}{N^+}}-C_{18}H_{37}\,\right]Cl^-$
聚六亚甲基双胍	$(C_8H_{17}N_5)_n$	$\left[\,\cdots N\!H-C(=\!NH)-N\!H-C(=\!NH_2^+Cl^-)-N\!H\cdots\,\right]_{n=11\sim15}$

3.2.1　季铵化合物

这些化合物在氮原子上含有正电荷，对其抗菌活性起主要作用。抗微生物活性还取决于烷基链的长度、过氟基团的存在以及其化学结构中阳离子铵基团的数目（Simoncic et al.，2010）。QAC 可以应用于多种纺织材料，从而有效对多种细菌和真菌种类进行抗菌整理（Gao et al.，2008；Islam et al.，2013a，b）。它是通过与存在于微生物细胞膜上的带负电基团的络合或相互作用能力，从而改变细胞功能并导致其死亡。虽然对于不同的纤维，季铵化合物具有潜在的活性，但它通过离子相互作用与聚酰胺织物结合。化学交联和改性剂试图克服这些问题（Simoncic et al.，2010）。值得注意的是，改性季铵化合物及其复合材料目前正被应用于纺织品表面的粘接，以提高处理后纺织品的抗菌性能。

3.2.2　*N*-卤胺

　　N-卤胺是 5,5-二甲基海因和 2,2,5,5-四甲基-4-咪唑啉酮的氯化产物，含有氮和通常为氯的卤素原子之间的一个或两个共价键（Gao et al.，2008）。胺、酰胺或酰亚胺在稀次氯酸钠中的氯化反应可以产生不同稳定性的氮和氯键。*N*-卤胺可作为广谱的细菌、真菌和病毒的杀生剂，其效应是基于在水中氮—氯与氢键中氯的亲电取代反应，并导致 Cl^+ 的转移，这些氯离子可以结合到微生物的受体区域，阻碍代谢过程，导致微生物的破坏（Sun et al.，1995；Worley et al.，1988）。对 *N*-卤胺进行改性或与多种化合物反应，以获得较良好的耐洗性。

3.2.3　聚双胍类

　　聚双胍是高分子聚阳离子胺，包含由烃链连接剂分离的阳离子双胍重复单元。聚六亚甲基双胍作为防腐剂可广泛用于医疗行业，主要用于抗生素耐药细菌（Moore et al.，2007；Mulder et al.，2007），可防止伤口感染。聚双胍类卓越的生物杀菌活性和低毒性引发了人们对纺织品抗菌整理的关注，主要用于保护纤维素纤维（Blackburn et al.，2007；Kawabata 和 Taylor，2007；Krebs et al.，2005）。聚六亚甲基双胍在漂白和丝光预处理过程中通过氧化葡萄糖环与纤维素的阴离子羧基进行结合。

3.2.4　三氯生

　　它是一种卤代化合物，即 5-氯-2-（2,4-二氯苯氧基）苯酚，已被用作洗涤剂和家用物品包括纺织品和塑料中的杀菌剂。三氯生可作为抗菌剂，已通过对棉花的抗大肠杆菌和金黄色葡萄球菌的测试以及暴露于酸性、碱性和合成尿液的解决方案（Orhan et al.，2007）。它可阻断脂质的生物合成，从而抑制细菌和真菌的生长（Gao et al.，2008）。为了提高洗涤的耐久性和避免浸出，在多种交联剂，如多元羧酸的存在下，将三氯生应用于织物（Guo et al.，2013；Yazdankhah et al.，2006）。

3.2.5　合成染料

1856 年，W. H. Perkin 首次制成了合成染料，现已用于不同领域，包括染色、纸张印刷、彩色摄影、制药、食品、化妆品和皮革工业（Ali，2010）。在过去的几十年里，结构多样化的染料，如酸性、碱性、分散、偶氮、重氮、蒽醌和金属络合染料已经被研究，并用于着色（Islam et al.，2013a，b；Khan et al.，2011）。在所有行业中，人工合成着色剂因其遮色范围大、对纺织原料亲和力强而在纺织工业中得到了越来越广泛的应用。不可避免的是，由于有毒化学污泥或致癌化合物的形成，湿法处理过程中产生的污水中含有一些纺织品和有毒染料，不断污染水体（Ali，2010）。有些染料还需要使用金属媒染剂（Shabbir et al.，2016；Shahid et al.，2012；Shahmoradi Ghahh et al.，2014；Zhang et al.，2014）。铁、铜、锡和铬盐是一些常用的金属盐。目前有几种物理化学方法，如吸附、混凝、沉淀、化学氧化、过滤、电解、光降解、生物法和微生物法，正在用于废水中有毒染料的去除。一些合成染料的化学结构如图 3.2 所示。

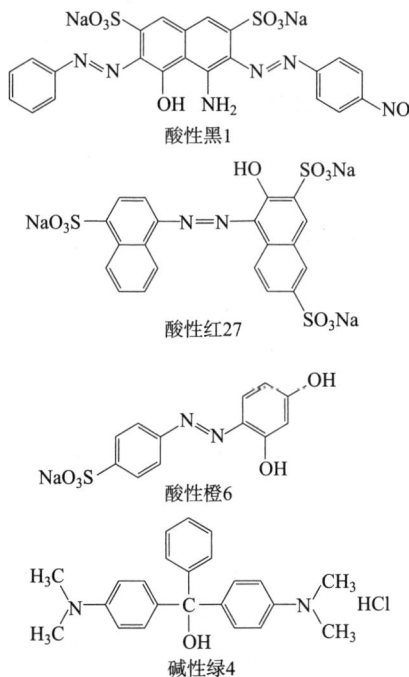

图 3.2

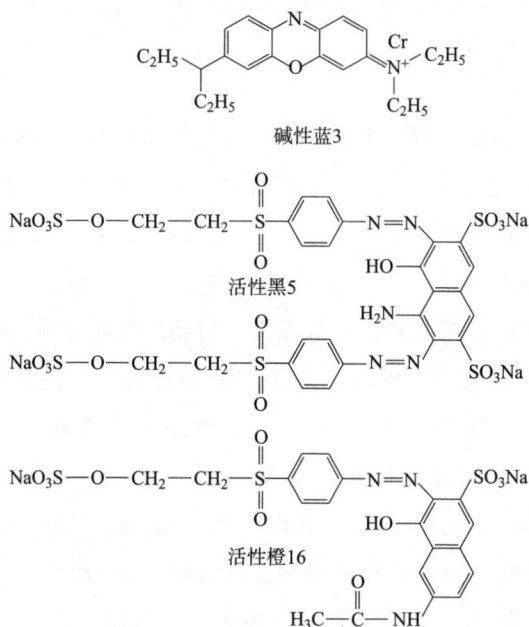

图 3.2　某些合成染料的化学结构

3.3　用于纺织品功能整理的天然化合物

为了减少某些合成物对环境的污染，纺织原料的功能整理对无毒、环境友好的天然产品有很大的需求。

3.3.1　壳聚糖

壳聚糖是由甲壳素脱乙酰基合成的天然生物高分子（图3.3）。甲壳素存在于虾、螃蟹、真菌、昆虫和其他小腿动物中（Dev et al.，2009）。壳聚糖是一种无分支的多糖-(1→4)-2-乙酰氨基-2-脱氧-D-葡萄糖链，目前越来越多地用于纺织材料的功能整理（Islam et al.，2013a，b）。天然壳聚糖具有一定的局限性，如水溶性差、耐化学性差等。研究人员利用乙二醛、甲醛、戊二醛、环氧氯丙烷、乙二醇二缩水甘油醚和异氰酸酯等化学试剂对壳聚糖进行化学改性，以克服其局限性。许多关于壳聚糖在纺织工业中的应用的评论性文章已经发表。综述了天然和化学改性壳聚糖的来源以及对羊毛、棉花、丝绸和其他合成纺织材料的抗菌机理、改性、染色、除臭和其他功能性。除此之外，Islam 等最近的一篇综述文章也强调了壳聚糖及其改性衍生物在抗菌纺织品开发中的作用。

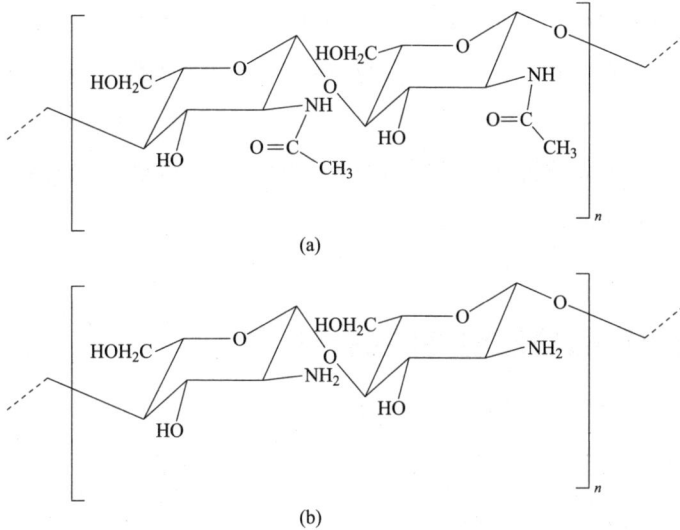

图 3.3　几丁质和壳聚糖的化学结构

3.3.2　植物提取物

自古以来，人们就知道很多天然产物具有着色和其他功能特性。直到 1856 年，从动植物中提取出天然化合物用于服装和其他日常产品的染色（Shahid et al.，2012）。在过去的几十年里，消费者对生态系统有了良好的认识，对环境污染也有了越来越多的了解。合成染料往往具有高毒性和致癌性，因此已被许多国家禁用。几项调查表明，印染废水含大量有毒有害物质，因此引起了科学界的广泛关注。这导致天然染料再次应用于染整行业（Vankar et al.，2007；2008）。从常用染料植物中分离出的许多染色化合物，如在指甲花叶片中发现的指甲花醌（2-羟基-1,4-萘醌）（Yusuf et al.，2012），核桃中的胡桃醌（Tutak et al.，2012），来自栎属、石榴皮的单宁酸，胭脂树中的胭脂树橙（Islam et al.，2014）以及洋葱皮的槲皮素（Adeel et al.，2009），来自阿拉伯金合欢树中的金合欢素（Rather et al.，2015）和单子叶丁香中的丁香素（Sinha et al.，2012）等生产的彩色纺织品具有其他功能特征，如抗菌和紫外线防护特性。在过去的几年中，不同团体（Islam et al.，

2013a，b；Shahid et al.，2013）发表的一些评论性文章更详细地介绍了天然染料。除天然染料外，许多草药产品，如芦荟、茶树油、杜尔斯叶、红豆、桉树油已被用于纺织领域（Joshi et al.，2009）。传统制剂普遍存在着一些严重的问题，例如对纺织品表面的黏合效率较低，而且纺织基布的其他性能也可能随着其应用而改变，例如服装的舒适性和耐久性。上述常规方法通常不会在织物表面产生永久性的功能性，因为织物在不同的加工阶段，如磨损、洗涤、干洗和热压过程中会失去其性能。纳米技术有可能克服传统方法的这些局限性，从而使纺织品具有耐久性（Gao et al.，2008；Lombi et al.，2014）。

3.4 用于纺织品功能整理的纳米材料

大量研究揭示了包括银、金、钛、铜和锌在内的各种纳米粒子在纺织品表面的生产和应用。一些主要研究的纳米材料如图3.4所示。由于其显著的性能，纳米材料已被用来制造保暖、舒适、卫生和具有一定风格的服装（Dastjerdi et al.，2009）。各种形式的纳米材料，如金属纳米颗粒、金属氧化物和纳米复合材料，正被用于纺织品整理中，赋予织物紫外线防护、导电、防水、抗菌和除臭等功能。它

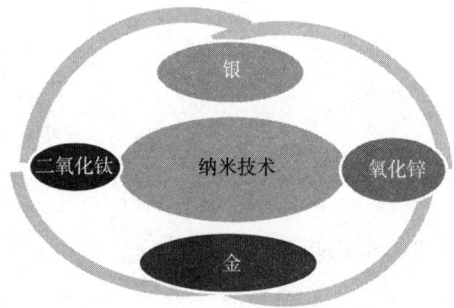

图3.4　常用功能性纳米纺织品的整理

们可以通过原位合成、喷涂和表面处理等不同方法应用于纺织品表面进行湿法加工。为了获得较高的沉积系数，纺织品可以先用等离子体等其他方法进行处理。

3.4.1 金属纳米颗粒

物理和化学方法是制备纳米颗粒最常用的方法之一。在过去的几十年中，利用植物提取物和酶的绿色化学方法生产金属纳米粒子受到了广泛关注，因一些化学方法无法避免使用有毒和危险的试剂，因此对环境构成了挑战（Islam et al.，2014）。植物富含多种天然产物，包括还原剂和稳定剂，因此是大规模生物法合成不同纳米粒子的最佳材料（Iravani，2011）。合成的纳米粒子在纺织品染整等不同领域有着

广泛的应用。银纳米粒子是目前研究最多的纺织品功能化纳米材料。它们具有强大的抗菌活性，并根据其大小和形状可产生不同的色调。关于银纳米粒子在棉花、羊毛、丝绸、聚酰胺和其他合成纺织品表面上的应用，文献中有许多记载（Dubas et al.，2006；Rai et al.，2009）。由于其表面等离子体共振特性，银纳米粒子被用于在纺织品表面赋予黄色、棕色、红色、灰色等新的色调。对银纳米粒子的原位和非原位应用方法进行了测试，发现原位是实现不同纺织品功能化的有利方法。除了银，金纳米粒子在羊毛和棉纺织品上的应用也非常重要。不同大小的金纳米颗粒被用来在天然和合成纺织品上，也可产生一系列的颜色。金纳米金棒最近被应用于棉花生产的紫外线防护和着色。一些交叉连接器，如通过将 Au^{3+} 还原为 AuO，利用单体胺或聚合胺可以得到稳定的金纳米粒子。TEM、SEM 是常用来表征金纳米粒子在纺织品表面形成的技术。同样，其他金属如铜、镍、铁和钴的纳米粒子也可以沉积并用于纺织材料的功能化（Vigneshwaran et al.，2009）。

3.4.2　金属氧化物纳米颗粒

二氧化钛具有优异的光催化活性、无毒性、高可用性、生物相容性和低廉的价格等特点，在不同应用领域引起科学界的广泛关注（Dastjerdi et al.，2010）。它用于纺织材料上具有抗菌、防紫外线以及自洁的特性。关于二氧化钛纳米粒子在纺织品上的应用已经发表许多评论文章。Montazer 和 Pakdel 回顾了 TiO_2 在纺织材料功能整理中的应用，重点是对羊毛的应用（Montazer et al.，2011）。除了这篇综述，Radetic 于 2013 年发表了一篇更全面的综述，收集了关于使用 TiO_2 对棉、羊毛和其他合成纺织基材进行抗菌活性、防紫外线、自清洁整理的分散信息。同样，氧化锌纳米颗粒具有显著的抗菌、阻隔紫外线、超疏水、光催化活性的特点。他们研发了效果显著的新方法，可作为纺织品的多功能整理剂（Perelshtein et al.，2009）。Montazer 等在 2013 年综述了合成氧化锌的不同方法、表征方法以及将氧化锌应用于纺织品基材的方法。

3.5　纳米材料的应用

3.5.1　抗菌纺织品

羊毛和丝绸等纺织材料容易繁殖细菌、真菌和霉菌（Islam et al.，2016）并产生气体。这些纺织品为耐药性病原体的繁殖提供了适宜的环境，如水分、氧气、营养物质和温度（Dastjerdi et al.，2010）。消费者对一般环境卫生、疾病的交叉传播和个人保护意识的提高促使研究人员开发抗菌和抗真菌服装（Khan et al.，2011）。实现纳米材料的抗菌功能化已成为当今研究的热点。纳米粒子具有耐久性高、电阻小、稳定性好、抗菌等优点，可作为有机杀菌剂（Perelshtein et al.，2009；Sawai，2003）。图3.5描述了可赋予纺织材料的一些重要功能。

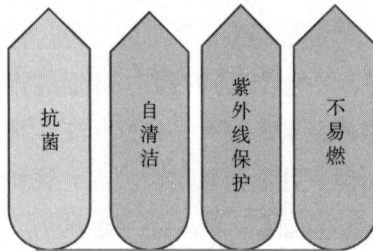

图3.5　可赋予纺织材料的一些重要功能

（Perelshtein et al.，2009；Sawai，2003）

3.5.2　防紫外线纺织品

从太阳到达地球的紫外线主要是 UVC（290nm）辐射，被认为对皮肤有害，持续暴露会导致许多皮肤问题，如晒伤、过早衰老、过敏和皮肤癌。这就需要开发紫外线防护服。决定紫外线性能的主要因素是纺织材料、结构和整理剂的种类（Saravanan，2007）。在众多的紫外线阻隔剂中，纳米二氧化钛在纺丝过程中被融入织物中，可以保护织物免受紫外线的光黄变和光氧化影响。为了提高纳米二氧化钛在纺织品表面的稳定性，人们使用了许多交联剂。同样的，氧化锌纳米粒子具有多种用途，并且研究了潜在的防紫外线功能整理剂。氧化锌已被用于羊毛、棉花、丝绸和其他纺织品表面的防紫外线功能整理（Kathirvelu et al.，2009）。由 Montazer 领导的研究小组最近发表的两篇综述文章分别详细介绍了 TiO_2 和 ZnO 纳米粒子的紫外线阻隔性能。

3.5.3　自清洁纺织品

自清洁表面是许多先进应用领域的迫切需求。不同种类的杂质、污垢，包括茶渍、咖啡渍、汗渍，是导致纺织品不卫生的主要原因（Montazer et al.，2011）。这些杂质可以通过疏水表面和亲水表面加以去除（图 3.6）。纳米技术现如今正蓬勃发展，并发挥着非凡的作用。二氧化钛是一种发展前景良好的光催化剂，在过去几年已广泛用于自清洁服装。相关学者致力于利用化学间隔剂提高二氧化钛在棉花表面的结合力（Meiler et al.，2005）。研究人员使用采用射频等离子体（rf）、微波等离子体（mw 等离子体）和真空紫外线辐照对纺织材料进行预处理，以提高葡萄酒和咖啡中污渍的变色程度（Bozzi，2005）。在 Radetic 于 2013 年发表的一篇评论文章中对自清洁纺织品进行了更详细的描述。

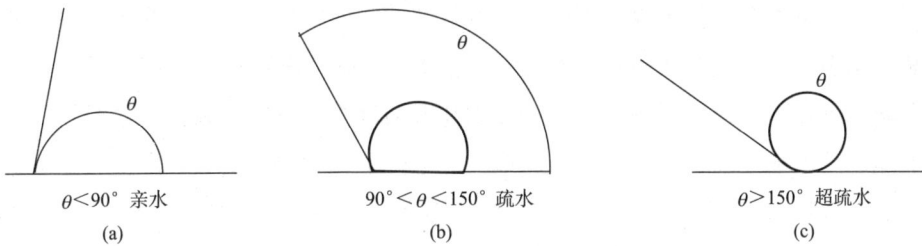

$\theta < 90°$ 亲水
(a)

$90° < \theta < 150°$ 疏水
(b)

$\theta > 150°$ 超疏水
(c)

图 3.6　亲水和疏水表面

3.5.4　阻燃纺织品

纺织材料，如纤维素、蛋白质和合成聚合物，如聚酯、聚酰胺、聚丙烯腈和醋酸纤维素均为易燃材料，一旦发生威胁财产和人身安全的火灾事故，会造成严重的火灾危险（Neisius et al.，2015）。目前，纳米技术是一种新兴技术，是合成阻燃剂的一个重要的途径，阻燃剂已广泛应用于阻燃纺织品。纳米颗粒可以作为屏障来限制热量、燃料和氧气。阻燃性也可以通过纳米结构的应用来实现，如金属、金属氧化物的纳米结构以及对纺织品具有永久效应的纳米复合材料。有研究报道，用熔融共混法制备聚酰胺 6/黏土纳米复合材料，并研究其可燃性。生产的纳米复合聚酰胺 6/黏土被发现具有相对低的成本和不改变纺织品的基本性质的永久效果（Bourbigot et al.，2002）。Federico Carosio 等于 2011 年进行的另一项研究表明，二氧化硅纳米颗粒可以层层"组装"在纺织品上，以延长着火时间，降低织物的热释放率峰值。

客户对多功能纺织品的需求促使研究人员将纳米技术引入纺织品改性领域。纳米材料是指尺寸在 1~100nm 范围内的材料，具有很高的比表面积和体积比。在过去的几十年里，纳米技术彻底改变了纺织行业（Montazer et al.，2013；Dastjerdi et al.，2010）。许多纺织纤维，如羊毛、棉花、丝绸和合成纤维被广泛应用于许多先进的应用领域。文献中已经记载了许多纳米颗粒，如二氧化钛和氧化锌，可以用来给纺织材料增加电磁和红外功能整理（Montazer et al.，2011）。其他纳米粒子已被用来诱导抗菌、抗真菌、抗皱性能的纺织品表面。纳米技术的改性提供了一种在不影响他整体性能的前提下，赋予织物表面新颖的优异性能的新途径。纺织工业是最大的消费者基础，纳米技术将在其经济中发挥重要作用。除了其在服装市场上的最大应用外，纳米纺织品可以在不同的领域找到潜在的应用，包括医用纺织品、运动服装、军事、家庭和家居装饰（Radetic，2013）。值得注意的是，尽管纳米技术吸引着纺织工业，但人们很少关注它对环境和人类健康的影响。在清洗过程中，应该认真监测纳米颗粒的释放。在这一领域已经进行了几项研究调查，已经确定，纳米材料的释放形式取决于它们的不协调性、液体的特性、pH 和其他属性（Lombi et al.，2014）。因此，未来的研究应该有针对性地详细研究减少或控制纳米颗粒造成的污染和毒性的方法（Schilling et al.，2010；Windler et al.，2012）。通过开发更环保的方式生产纳米颗粒及其在纺织品中的应用，纳米技术提供了充分的商业化潜力。消费者已经开始提高减少环境污染的意识，并使纺织品和服装制造商和监管机构确保在纳米粒子的生产和生命周期中减少毒性。因此，在未来，人们希望纳米技术可在纺织品研究的各个领域蓬勃发展。

3.6 结论

纳米技术是一项覆盖面较广的技术，在纺织品整理方面具有许多优势。与传统方法相比，纳米粒子具有较大的比表面积和体积比，能够在纺织材料中发挥持久的功能。银、金、二氧化钛、铜、氧化锌和氧化铝的纳米粒子已经被认为具有较高的拉伸强度、润湿性、疏水性等性能，并能够产生一些新的性能，如柔软的手感，耐久性，防水性，阻燃性和抗菌性能。在不久的将来，预计纳米产品将投入商业化生产，也会有越来越多的投入成本用于研究纳米产品以及减少纳米产品不受控制地排放到可造成环境污染和人类健康风险的废水中。

参考文献

Adeel, S. , Ali, S. , Bhatti, I. A. , & Zsila, F. (2009). Dyeing of cotton fabric using pomegranate (Punica granatum) aqueous extract. Asian Journal of Chemistry, 21(5), 3493.

Ali, H. (2010). Biodegradation of synthetic dyes—A review. Water, Air, and Soil pollution, 213 (1–4), 251–273.

Anghel, I. , Grumezescu, A. M. , Andronescu, E. , Anghel, A. G. , Ficai, A. , Saviuc, C. , et al. (2012).

Magnetite nanoparticles for functionalized textile dressing to prevent fungal biofilms development. Nanoscale research letters, 7(1), 2–7.

Aniołczyk, H. , Koprowska, J. , Mamrot, P. , & Lichawska, J. (2004). Application of electrically conductive textiles as electromagnetic shields in physiotherapy. Fibres and Textiles in Eastern Europe, 12(4), 47–50.

Batool, F. , Adeel, S. , Azeem, M. , Khan, A. A. , Bhatti, I. A. , Ghaffar, A. , et al. (2013). Gamma radiations induced improvement in dyeing properties and colorfastness of cotton fabrics dyed with chicken gizzard leaves extracts. Radiation Physics and Chemistry, 89, 33–37.

Bhatti, I. A. , Adeel, S. , Jamal, M. A. , Safdar, M. , & Abbas, M. (2010). Influence of gamma radiation on the colour strength and fastness properties of fabric using turmeric (Curcuma longa L.) as natural dye. Radiation Physics and Chemistry, 79(5), 622–625.

Blackburn, R. S. , Harvey, A. , Kettle, L. L. , Manian, A. P. , Payne, J. D. , & Russell, S. J. (2007). Sorption of chlorhexidine on cellulose: Mechanism of binding and molecular recognition. Journal of Physical Chemistry B, 111(30), 8775–8784.

Bourbigot, S. , Devaux, E. , & Flambard, X. (2002). Flammability of polyamide – 6/clay hybrid nanocomposite textiles. Polymer Degradation and Stability, 75(2), 397–402.

Bozzi, A. , Yuranova, T. , & Kiwi, J. (2005). Self–cleaning of wool–polyamide and polyester textiles by TiO_2–rutile modification under daylight irradiation at ambient temperature. Journal of Photochemistry and Photobiology A: Chemistry, 172, 27–34.

Carosio, F. , Laufer, G. , Alongi, J. , Camino, G. & Grunlan, J. C. (2011). Layer–by–layer assembly of silica–based flame retardant thin film on PET fabric. Polymer Degradation and Stability, 96(5), 745–750.

Dastjerdi, R. , & Montazer, M. (2010). A review on the application of inorganic nano-structured materials in the modification of textiles: Focus on anti-microbial properties. Colloids and Surfaces B: Biointerfaces, 79(1), 5-18.

Dastjerdi, R. , Montazer, M. , & Shahsavan, S. (2009). A new method to stabilize nanoparticles on textile surfaces. Colloids and Surfaces A: Physicochemical and Engineering Aspects, 345 (1), 202-210.

Dev, V. G. , Venugopal, J. , Sudha, S. , Deepika, G. , & Ramakrishna, S. (2009). Dyeing and antimicrobial characteristics of chitosan treated wool fabrics with henna dye. Carbohydrate Polymers, 75(4), 646-650.

Dubas, S. T. , Kumlangdudsana, P. , & Potiyaraj, P. (2006). Layer-by-layer deposition of antimicrobial silver nanoparticles on textile fibers. Colloids and Surfaces A: Physicochemical and Engineering Aspects, 289(1), 105-109.

Gao, Y. & Cranston, R. (2008). Recent advances in antimicrobial treatments of textiles. Textile Research Journal, 78(1), 60-72.

Guo, C. , Zhou, L. , & Lv, J. (2013). Effects of expandable graphite and modified ammonium polyphosphate on the flame-retardant and mechanical properties of wood flour-polypropylene composites. Polymers and Polymer Composites, 21(7), 449-456.

Hakansson, E. , Kaynak, A. , Lin, T. , Nahavandi, S. , Jones, T. , & Hu, E. (2004). Characterization of conducting polymer coated synthetic fabrics for heat generation. Synthetic Metals, 144 (1), 21-28.

Hutchison, J. E. (2008). Greener nanoscience: A proactive approach to advancing applications and reducing implications of nanotechnology. ACS Nano, 2(3), 395-402.

Iravani, S. (2011). Green synthesis of metal nanoparticles using plants. Green Chemistry, 13, 2638-2650.

Islam, S. , Butola, B. S. , & Mohammad, F. (2016). Silver nanomaterials as future colorants and potential antimicrobial agents for natural and synthetic textile materials. RSC Advances, 6, 44232-44247.

Islam, S. , & Mohammad, F. (2014). Emerging green technologies and environment friendly products for sustainable textiles. In: S. S. Muthu (ed.), Roadmap to sustainable textiles and clothing (pp. 6-82): Singapore: Springer.

Islam, S. , Shahid, M. , & Mohammad, F. (2013a). Green chemistry approaches to develop antimicrobial textiles based on sustainable biopolymers—A review. Industrial and Engineering Chemistry Research,52,5245-5260.

Islam,S. ,Shahid,M. ,& Mohammad,F. (2013b). Perspectives for natural product based agents derived from industrial plants in textile applications—A review. Journal of Cleaner Production,57,2-18.

Islam,S. ,Shahid,M. ,& Mohammad,F. (2014). Future prospects of phytosynthesized transition metal nanoparticles as novel functional agents for textiles. In:A. T. Syväjärvi (ed.),Advanced materials for agriculture,food,and environmental safety(pp. 265-290). New York:Wiley.

Johnston,J. H. ,Richardson,M. J. ,& Burridge,K. A. (2008). Gold nanoparticles as colourants in high fashion fabrics and textiles(Vol. 1,pp. 712-715).

Joshi,M. ,Wazed Ali,S. ,Purwar,R. ,& Rajendran,S. (2009). Ecofriendly antimicrobial finishing of textiles using bioactive agents based on natural products. Indian Journal of Fibre & Textile Research,34(3),295-304.

Kale,K. H. ,Palaskar,S. S. ,& Kasliwal,P. M. (2012). A novel approach for functionalization of polyester and cotton textiles with continuous online deposition of plasma polymers,37(September),238-244.

Kaplan,S. ,& Okur,A. (2008). The meaning and importance of clothing comfort:A case study for Turkey. Journal of Sensory Studies,23(5),688-706.

Kathirvelu,S. ,D'souza,L. ,& Dhurai,B. (2009). UV protection finishing of textiles using ZnO nanoparticles. Indian Journal of Fibre Textile Research,34(3),267-273.

Kawabata,A. ,& Taylor,J. A. (2007). The effect of reactive dyes upon the uptake and antibacterial efficacy of poly(hexamethylene biguanide) on cotton. Part 3:Reduction in the antibacterial efficacy of poly(hexamethylene biguanide) on cotton,dyed with bis(monochlorotriazinyl) reactive dyes. Carbohydrate Polymers,67(3),375-389.

Khan,M. I. ,Ahmad,A. ,Khan,S. A. ,Yusuf,M. ,Shahid,M. ,Manzoor,N. ,et al. (2011). Assessment of antimicrobial activity of catechu and its dyed substrate. Journal of Cleaner Production,19(12),1385-1394.

Khan,S. A. ,Ahmad,A. ,Khan,M. I. ,Yusuf,M. ,Shahid,M. ,Manzoor,N. ,et al. (2012). Antimicrobial activity of wool yarn dyed with Rheum emodi L. (Indian Rhubarb). Dyes and Pigments,95(2),206-214.

Krebs,F. C. ,Miller,S. R. ,Ferguson,M. L. ,Labib,M. ,Rando,R. F. ,& Wigdahl,B. (2005).

Polybiguanides, particularly polyethylene hexamethylene biguanide, have activity against human immunodeficiency virus type 1. Biomedicine & Pharmacotherapy, 59(8), 438-445.

Li, D., & Sun, G. (2007). Coloration of textiles with self-dispersible carbon black nanoparticles. Dyes and Pigments, 72(2), 144-149.

Lombi, E., Donner, E., Scheckel, K. G., Sekine, R., Lorenz, C., Goetz, N. V. et al. (2014). Silver speciation and release in commercial antimicrobial textiles as influenced by washing. Chemosphere, 111, 352-358.

Meilert, K. T., Laub, D., & Kiwi, J. (2005). Photocatalytic self-cleaning of modified cotton textiles by TiO_2 clusters attached by chemical spacers. Journal of Molecular Catalysis A: Chemical, 237, 101-108.

Mirjalili, M., Nazarpoor, K., & Karimi, L. (2011). Eco-friendly dyeing of wool using natural dye from weld as co-partner with synthetic dye. Journal of Cleaner Production, 19(9), 1045-1051.

Montazer, M., Amiri, M. M. & Malek, R. M. A. (2013). In situ synthesis and characterization of nano ZnO on wool: influence of nano photo reactor on wool properties. Photochemistry and photobiology, 89(5), 1057-1063.

Montazer, M., & Maali Amiri, M. (2014). ZnO nano reactor on textiles and polymers: Ex situ and in situ synthesis, application, and characterization. The Journal of Physical Chemistry B, 118(6), 1453-1470.

Montazer, M., & Pakdel, E. (2011). Functionality of nano titanium dioxide on textiles with future aspects: Focus on wool. Journal of Photochemistry and Photobiology C: Photochemistry Reviews, 12(4), 293-303.

Montazer, M., Pakdel, E., & Behzadnia, A. (2011). Novel feature of nano-titanium dioxide on textiles: Antifelting and antibacterial wool. Journal of Applied Polymer Science, 121(6), 3407-3413.

Moore, K., & Gray, D. (2007). Using PHMB antimicrobial to prevent wound infection. Wounds uK, 3(2), 96-102.

Mulder, G. D., Cavorsi, J. P., & Lee, D. K. (2007). Polyhexamethylene niguanide (PHMB): An addendum to current topical antimicrobials. Wounds: A Compendium of Clinical Research and Practice, 19(7), 173—182. http://europepmc. org/abstract/MED/26110333.

Neisius, M., Stelzig, T., Liang, S., & Gaan, S. (2015). Flame retardant finishes for textiles. Functional Finishes for Textiles: Woodhead Publishing Limited. doi: 10. 1533/9780857098450. 2. 429.

Orhan, M. , Kut, D. , & Gunesoglu, C. (2007) . Use of triclosan as antibacterial agent in textiles. Indian Journal of Fibre & Textile Research, 32, 114−118.

Perelshtein, I. , Applerot, G. , Perkas, N. , Wehrschetz−Sigl, E. , Hasmann, A. , Guebitz, G. M. , et al. (2009) . Antibacterial properties of an in situ generated and simultaneously deposited nanocrystalline ZnO on fabrics. ACS Applied Materials and Interfaces, 1(2) , 361−366.

Perera, S. , Bhushan, B. , Bandara, R. , & Rajapakse, G. (2013) . Colloids and surfaces A: Physicochemical and engineering aspects morphological, antimicrobial, durability, and physical properties of untreated and treated textiles using silver−nanoparticles. Colloids and Surfaces A: Physicochemical and Engineering Aspects, 436, 975−989.

Petkova, P. , Francesko, A. , Fernandes, M. M. , Mendoza, E. , Perelshtein, I. , Gedanken, A. , et al. (2014) . Sonochemical coating of textiles with hybrid ZnO/chitosan antimicrobial nanoparticles.

Radetić, M. (2013) . Functionalization of textile materials with TiO_2 nanoparticles. Journal of Photochemistry and Photobiology C: Photochemistry Reviews, 16, 62−76.

Rai, M. , Yadav, A. , & Gade, A. (2009) . Silver nanoparticles as a new generation of antimicrobials. Biotechnology Advances, 27(1) , 76−83.

Rather, L. J. , Islam, S. & Mohammad, F. (2015) . Study on the application of Acacia nilotica natural dye to wool using fluorescence and FT−IR spectroscopy. Fibers and Polymers, 16(7) , 1497−1505.

Saravanan, D. (2007) . UV protection textile materials. Autex Research Journal, 7(1) , 53−62.

Sawai, J. (2003) . Quantitative evaluation of antibacterial activities of metallic oxide powders (ZnO, MgO and CaO) by conductimetric assay. Journal of Microbiological Methods, 54(2) , 177−182.

Schilling, K. , Bradford, B. , Castelli, D. , Dufour, E. , Nash, J. F. , Pape, W. , et al. (2010) . Human safety review of "nano" titanium dioxide and zinc oxide. Photochemical & Photobiological Sciences, 9(4) , 495−509.

Shabbir, M. , Islam, S. U. , Bukhari, M. N. , Rather, L. J. , Khan, M. A. , & Mohammad, F. (2016) . Application of Terminalia chebula natural dye on wool fiber—Evaluation of color and fastness properties. Textiles and Clothing Sustainability, 2(1) , 1.

Shahid, M. , Ahmad, A. , Yusuf, M. , Khan, M. I. , Khan, S. A. , Manzoor, N. , et al. (2012). Dyeing, fastness and antimicrobial properties of woolen yarns dyed with gallnut (Quercus infectoria Oliv.) extract. Dyes and Pigments, 95(1), 53–61.

Shahid, M. , Islam, S. , & Mohammad, F. (2013). Recent advancements in natural dye applications: a review. Journal of Cleaner Production, 53, 310–331.

Shahmoradi Ghaheh, F. , Mortazavi, S. M. , Alihosseini, F. , Fassihi, A. , Shams Nateri, A. , & Abedi, D. (2014). Assessment of antibacterial activity of wool fabrics dyed with natural dyes. Journal of Cleaner Production, 72, 139–145.

Simoncic, B. , & Tomsic, B. (2010). Structures of novel antimicrobial agents for textiles—A review. Textile Research Journal, 80(16), 1721–1737.

Sinha, K. , Saha, P. D. , & Datta, S. (2012). Extraction of natural dye from petals of flame of forest(Butea monosperma) flower: Process optimization using response surface methodology (RSM). Dyes and Pigments, 94(2), 212–216.

Sun, G. , Chen, T. Y. , Sun, W. , Wheatley, W. B. & Worley, S. D. (1995). Preparation of novel biocidal N–halamine polymers. Journal of bioactive and compatible polymers, 10(2), 135–144.

Textile–Based Drug Release Systems. (n. d.). doi: 10. 1533/9781845692933. 1. 50

Tutak, M. , & Korkmaz, N. E. (2012). Environmentally friendly natural dyeing of organic cotton. Journal of Natural Fibers, 9(1), 51–59.

Vankar, P. S. , Shanker, R. , Mahanta, D. , & Tiwari, S. C. (2008). Ecofriendly sonicator dyeing of cotton with Rubia cordifolia Linn. using biomordant. Dyes and Pigments, 76(1), 207–212.

Vankar, P. S. , Shanker, R. , & Verma, A. (2007). Enzymatic natural dyeing of cotton and silk fabrics without metal mordants. Journal of Cleaner Production, 15(15), 1441–1450.

Vigneshwaran, N. , Varadarajan, P. V, & Balasubramanya, R. H. (2009). Application of metallic nanoparticles in textiles. Nanotechnologies for the Life Sciences, 541–558.

Windler, L. , Lorenz, C. , Von Goetz, N. , Hungerbuhler, K. , Amberg, M. , Heuberger, M. , et al. (2012). Release of titanium dioxide from textiles during washing. Environmental Science and Technology, 46(15), 8181–8188.

Worley, S. D. , Williams, D. E. , & Crawford, R. A. (1988). Halamine water disinfectants. Critical Reviews in Environmental Control, 18(2), 133–175.

Yazdankhah, S. P. , Scheie, A. , Høiby, E. A. , Lunestad, B. –T. , Heir, E. , Fotland, T. Ø. , et al.

（2006）. Triclosan and antimicrobial resistance in bacteria：An overview. Microbial Drug Re-sistance（Larchmont,N. Y. ）,12（2）,83-90.

Yuranova,T. , Rincon, A. G. , Pulgarin, C. , Laub, D. , Xantopoulos, N. , Mathieu, H. J. , et al. （2006）. Performance and characterization of Ag-cotton and Ag/TiO$_2$ loaded textiles during the abatement of E. coli. Journal of Photochemistry and Photobiology A：Chemistry,181（2-3）,363-369.

Yusuf,M. , Ahmad,A. , Shahid,M. , Khan,M. I. , Khan,S. A. , Manzoor,N. , et al. （2012）. As-sessment of colorimetric, antibacterial and antifungal properties of woollen yarn dyed with the extract of the leaves of henna（Lawsonia inermis）. Journal of Cleaner Production,27,42-50.

Zhang, B. , Wang, L. , Luo, L. , & King, M. W.（2014）. Natural dye extracted from Chinese gall—The application of color and antibacterial activity to wool fabric. Journal of Cleaner Pro-duction,80,204-210.